Kurze Touren leicht gemacht: In zwei Bänden zeigen Ulrike Poller und Wolfgang Todt, wo zwischen Rhein, Nahe, Mosel und Saar Wandern wunderschön - aber weniger zeitaufwändig und herausfordernd ist. Für perfekte kleine Auszeiten in den grünen Oasen des Hunsrücks haben sie 2 x 12 Premium-Spazierwanderwege mit Streckenlängen zwischen 2 und 6 Kilometern ausgewählt – von der Grat-Wanderung entlang malerischer Flusstäler, bis zur Schnupper-Tour in duftende Nadelwälder. Viele der erlebnisreichen Touren sind für alle Jahreszeiten geeignet.

Besonders spannende Runden für Ausflüge mit Kindern Kinder sind entsprechend mit einem Logo im Kapitel gekennzeichnet. Aktuelle GPS-Daten für Smartphones und Wandernavis lassen sich einfach laden, QR-Codes machen die Navigation zu den teils versteckten Ausgangspunkten mit dem Auto (oder zu Fuß von der nächsten Haltestelle) zum Kinderspiel.

ideemedia

INHALT

Traumpfädchen

Traumschleifen

Traumschleifchen

Premium Spazierwanderweg

Besondere Empfehlung für Ausflüge mit Kindern

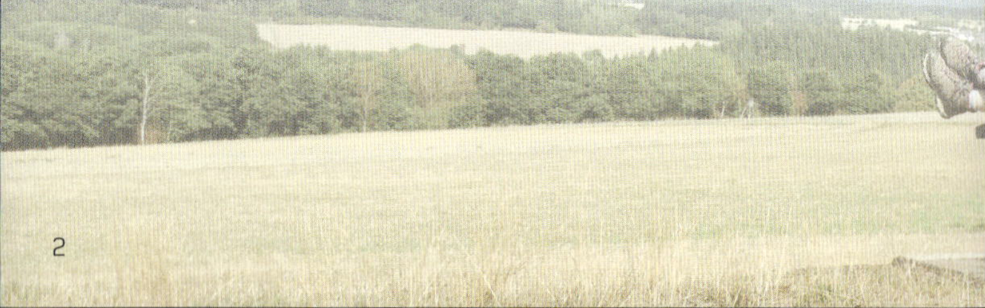

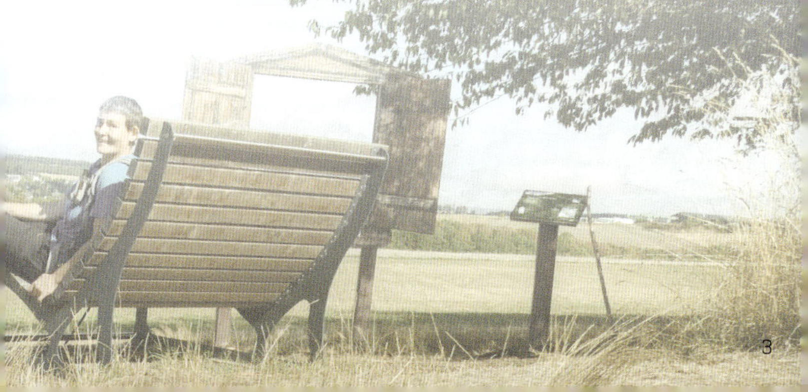

BAND 1

01 Niederfeller Schweiz
02 Löfer Rabenlapfad
03 Murscher Aussichten
04 Baybachquellen
05 Erlebnispfad Junge Wald
06 Burgstadtpfad
07 Spitzer Stein
08 Pfalzblick
09 Karrenberg
10 Gangelsberg
11 Fischbacher Kupferspuren
12 Butzel-Kewes-Weg

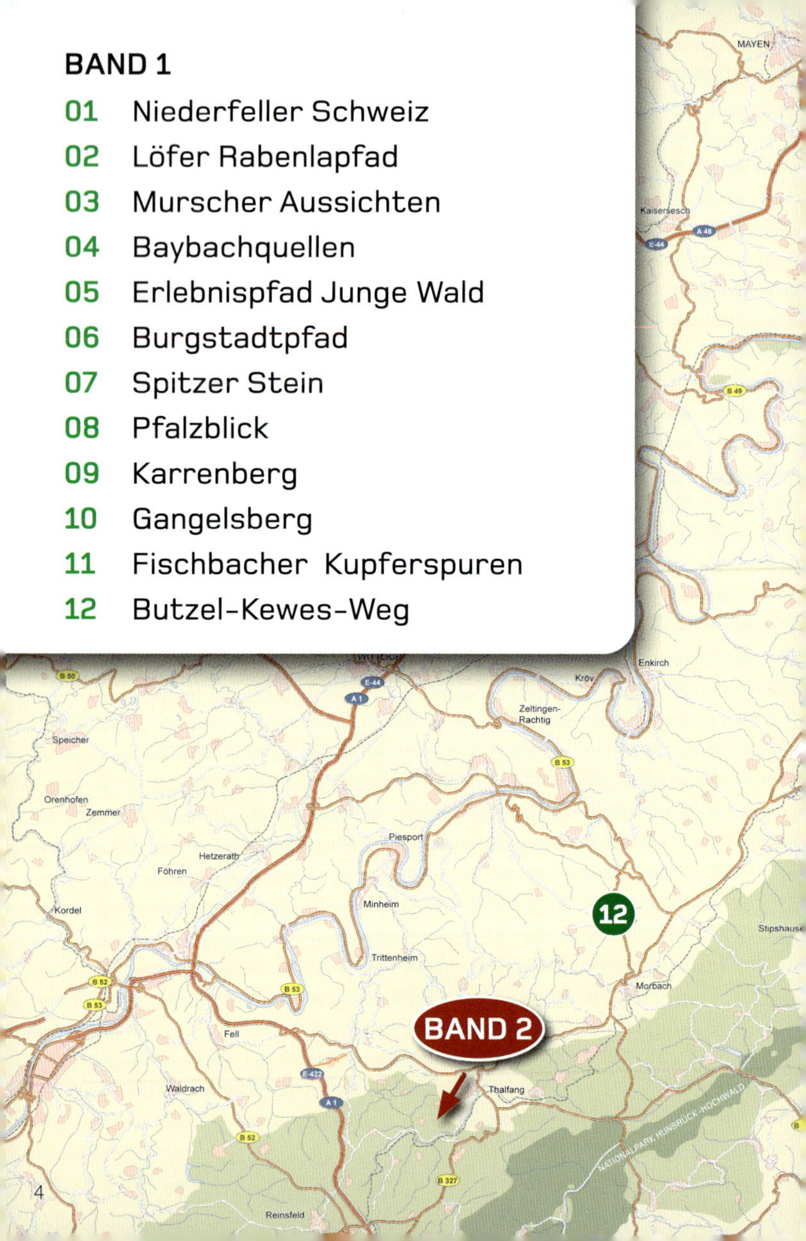

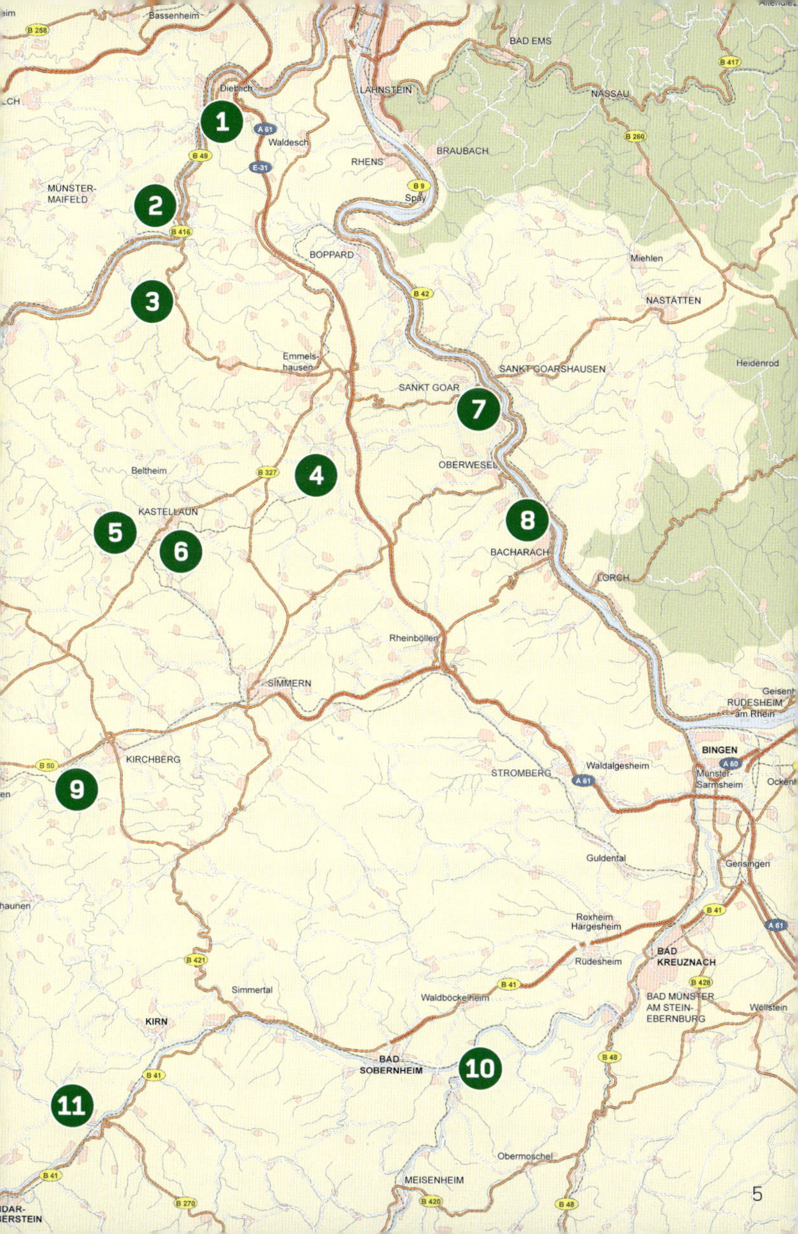
Bassenheim
B 258
BAD EMS
B 417
Dieblich
LAHNSTEIN
NASSAU
1
A 61
Waldesch
B 260
BRAUBACH
B 49
E 31
RHENS
B 9
Spay
MÜNSTER-
MAIFELD
2
B 416
BOPPARD
Miehlen
3
B 42
NASTÄTTEN
Emmels-
hausen
SANKT GOARSHAUSEN
Heidenrod
SANKT GOAR
7
4
OBERWESEL
Beltheim
B 327
KASTELLAUN
8
5
6
BACHARACH
LORCH
Rheinböllen
SIMMERN
Geisenh
RÜDESHEIM
am Rhein
BINGEN
A 60
KIRCHBERG
STROMBERG
Waldalgesheim
B 50
A 61
Münster-
Sarmsheim
Ockenh
9
Guldental
Gensingen
B 41
Roxheim
Hargesheim
A 61
B 421
BAD
KREUZNACH
Rüdesheim
B 428
Simmertal
B 41
Waldböckelheim
BAD MÜNSTER
AM STEIN-
EBERNBURG
Wöllstein
KIRN
BAD
SOBERNHEIM
10
B 48
B 41
11
Obermoschel
B 41
MEISENHEIM
B 270
B 420
B 48
IDAR-
OBERSTEIN

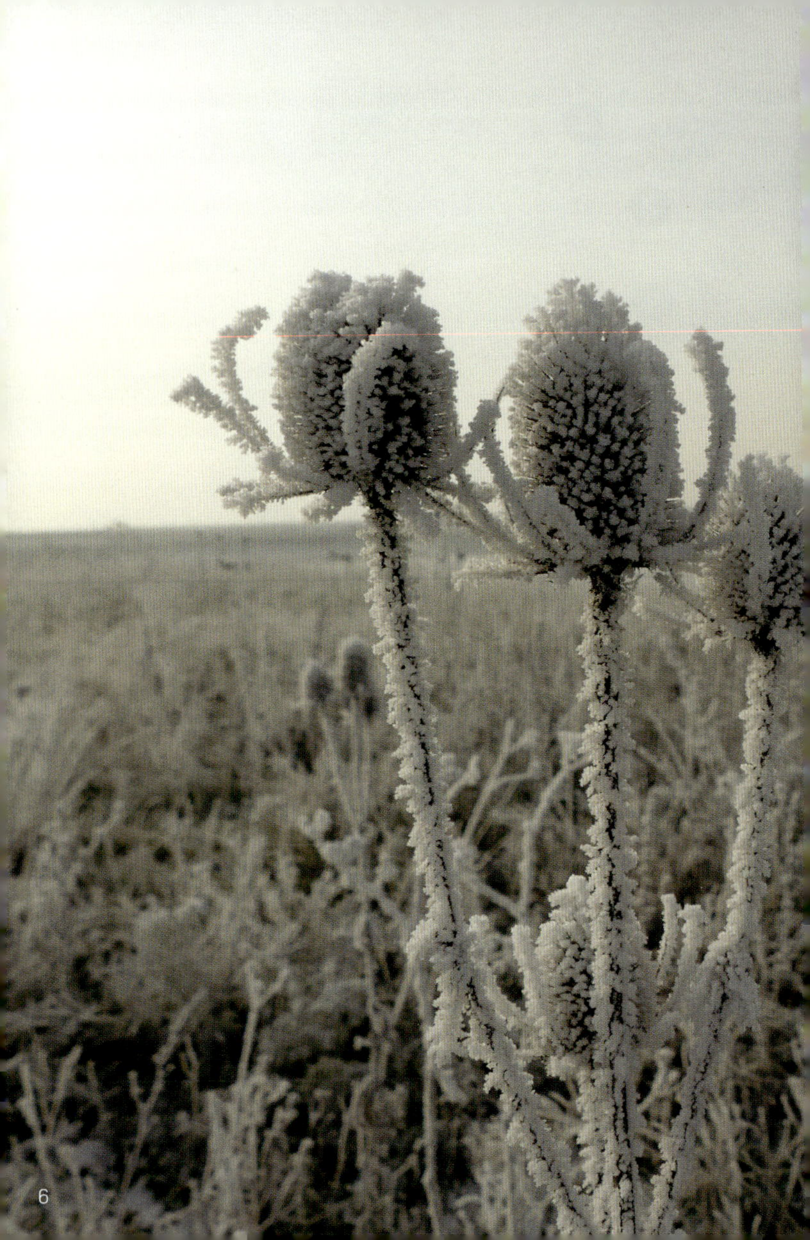

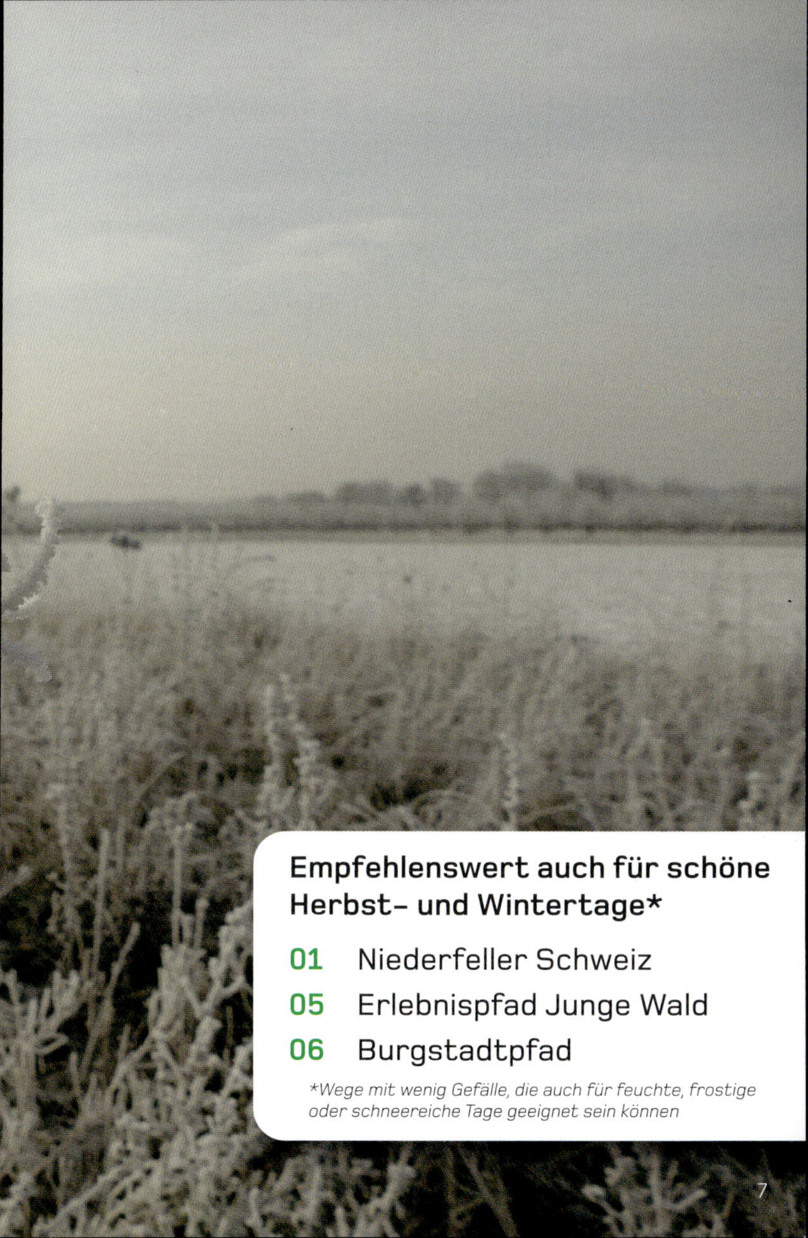

Empfehlenswert auch für schöne Herbst- und Wintertage*

01 Niederfeller Schweiz

05 Erlebnispfad Junge Wald

06 Burgstadtpfad

**Wege mit wenig Gefälle, die auch für feuchte, frostige oder schneereiche Tage geeignet sein können*

ZEICHEN IM BUCH

Wanderweg

Zuwege

Sehr leicht

Leicht

Mittel

Schwer

Sehr schwer

Erläuterung zur Schwierigkeit unter:
www.schoeneres-wandern.de/html/bucher.html

Download GPX

Gehzeit inkl. Zu-/Abweg

Steigung/Gefälle

Höchster Punkt

Kalorienverbrauch

Anfahrt

Parkplatz

Telefonnummer

Internet-Adresse

Öffnungszeiten/Termine*

Hundetipp

Start/Ziel

(1) Streckenpunkt

Tourist-Info

Einkehren

Übernachten

Tipp/Hinweis

Bus

Bahn

Fähre/Schiff

Taxi

Wohnmobil-Stellplatz

Burg/Schloss

Besondere Empfehlung für Ausflüge mit Kindern

scan to go®

Startpunkte einfach finden: QR-Code mit dem Smartphone scannen und zum Ausgangspunkt navigieren.

** Öffnungszeiten sind saisonabhängig. Bitte telefonisch erfragen.*

- **Wegformat:**

Fester Belag	Harter Belag	Natur-Belag

- **Höhenangaben:** Bezogen auf NN
- **Entfernungsangaben:** Beschriebene Hauptstrecke inkl. empfohlener Abstecher (ca.) ohne Zu- und Abwege
- **GPS-Daten:** Kürzeste Strecke
- **Zeitangaben:** Mittleres Wandertempo, im Kapitel inkl. Zu- und Abwege (reine Gehzeit, ohne Pausen)
- **Koordinatenangaben der POIs:** Wir geben UTM-Koordinaten der Zone 32 U WGS 84 an. Dieses System nutzen u.a. alle offiziellen Karten der Landesvermessungsämter. Für die Pkw-Navigationsgeräte geben wir für die Park-/Startplätze die geografischen Koordinaten in Breite/Länge (hddd°mm'ss.s) an. Diese können von den meisten gängigen AutoNavis verwendet werden. In den Outdoor GPS-Geräten sowie auf PCs und mobilen Geräten können die Koordinatensysteme entsprechend eingestellt werden.
- **Kalorienberechnung:** Für jede Etappe wird der Kalorienverbrauch angegeben. Dieser wird unter Berücksichtigung von Entfernung, Aufstieg, Zeit, Geschlecht, Alter, Gewicht und Körpergröße für zwei Beispielpersonen berechnet (Mann: 50 Jahre, 175 cm, 70 kg; Frau: 50 Jahre, 165 cm, 60 kg). Ihre persönliche Berechnung können Sie unter www.schoeneres-wandorn.de durchführen. Die Kalorienberechnung ist für Mittelgebirgstouren optimiert.

- **Allgemeine Infos:**

  ⓘ www.schoeneres-wandern.de

Download der .gpx-Daten unter www.wander-touren.com

Erklärung ab Seite 130

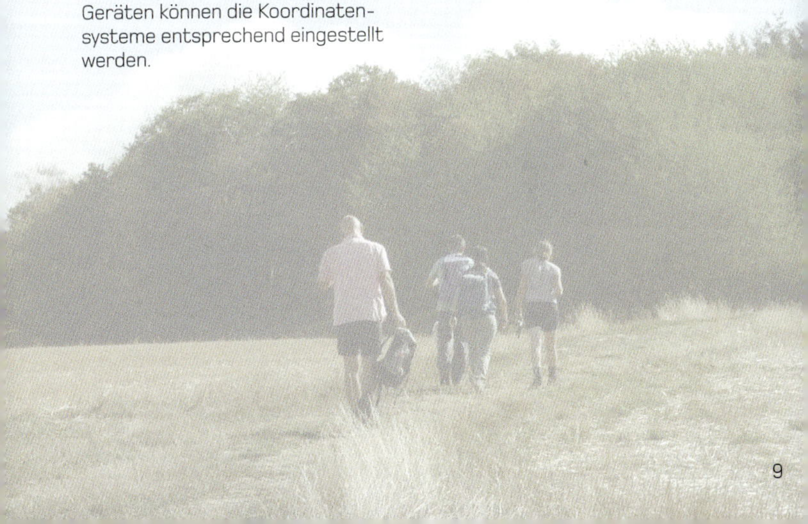

1 Niederfeller Schweiz

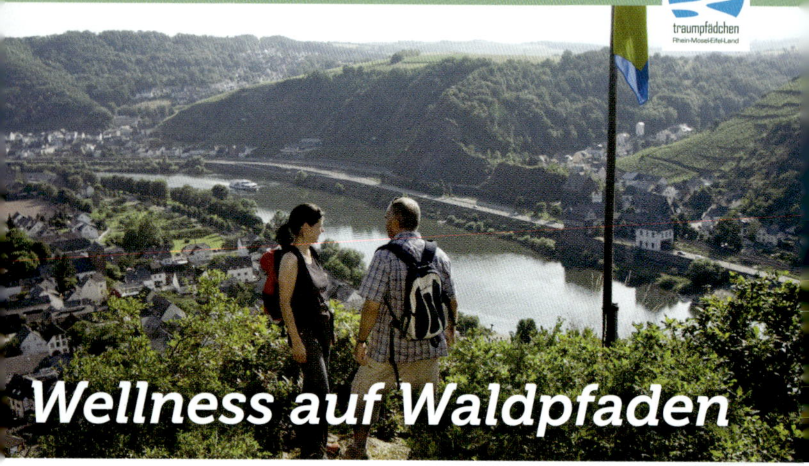

Wellness auf Waldpfaden

4.3	1h 30min	195	221	442 519	SWP1X112
km	◷	↑ ▲ ↓	▲	♀ ♂	⬇

Start/Ziel: Niederfell, Linkemühle, Start Zuweg: Unter den Linden *(zusätzlich 1.5 km/30min Strecke)*

Anfahrt: B 49 durch das Moseltal bis Niederfell. Oder A 61 bis zur Ausfahrt Koblenz-Dieblich und über die B 411 zur B 49.

Parken: Parkstreifen B 49 in Niederfell
N50° 17' 38.1'' • E7° 27' 50.6''

scan to go®

Wegpunkte:

P1 Linkemühle
32 U 390999 5572256

P2 Grillhütte
32 U 391346 5571493

P3 Maifeldblick
32 U 391104 5571464

P4 Ausblick Johanniskirche
32 U 390574 5571719

P5 Mönch-Felix-Hütte
32 U 390756 5572273

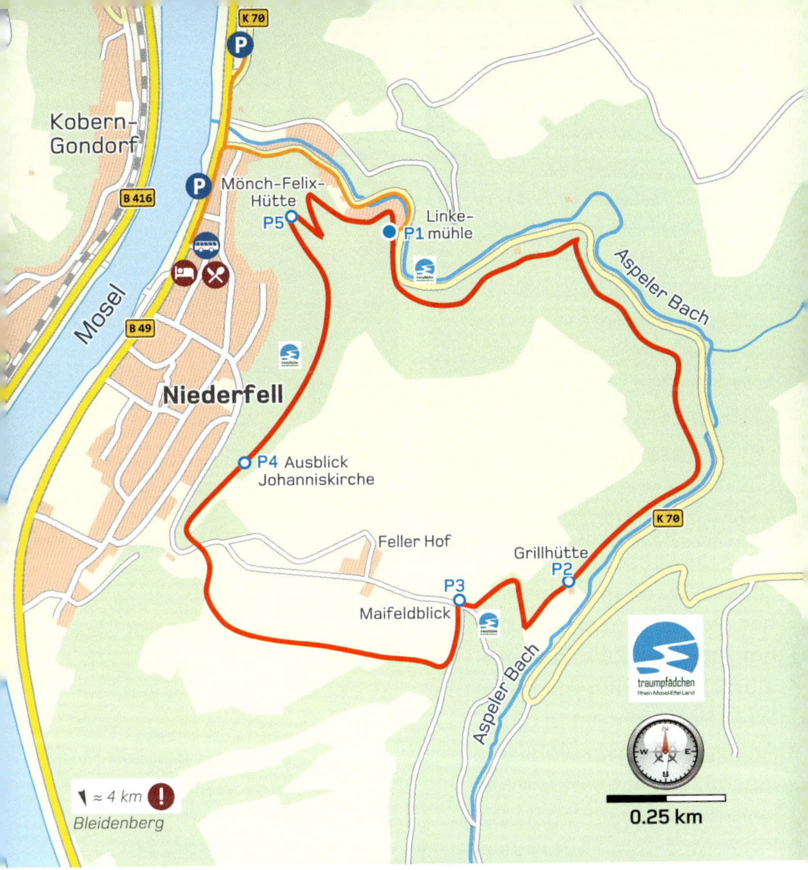
K 70
Kobern-Gondorf
B 416
Mosel
B 49
Niederfell
Mönch-Felix-Hütte
P5
Linke-mühle
P1
Aspeler Bach
P4 Ausblick Johanniskirche
Feller Hof
Grillhütte
P2
P3
Maifeldblick
K 70
Aspeler Bach
traumpfädchen
Rhein-Mosel-Eifel-Land
≈ 4 km
Bleidenberg
0.25 km

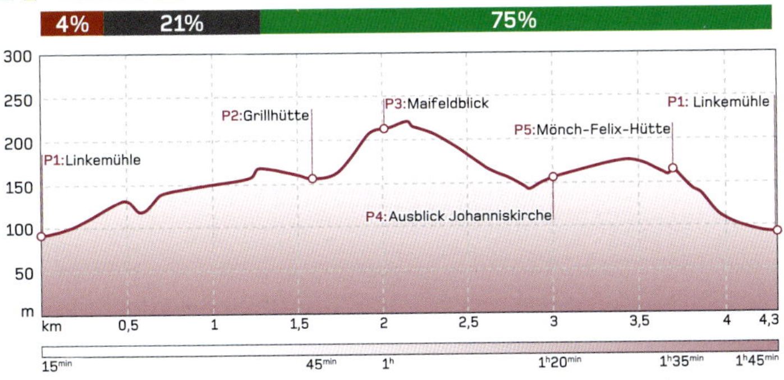
4%
21%
75%
300
250
200
150
100
50
m
P1:Linkemühle
P2:Grillhütte
P3:Maifeldblick
P4:Ausblick Johanniskirche
P5:Mönch-Felix-Hütte
P1: Linkemühle
km
0,5
1
1,5
2
2,5
3
3,5
4
4,3
15min
45min
1h
1h20min
1h35min
1h45min

Zuweg: In Niederfell parken wir entlang der B 49 am Moselufer und vertrauen uns der Zuwegungsmarkierung an. Nach ca. 200 m erreichen wir den Abzweig in die Bachstraße, wo eine erste kleine Portaltafel auf das Traumpfädchen hinweist. Wir folgen der ruhigen Nebenstraße in das enge Tal und gewinnen dabei minimal an Höhe. Nach insgesamt maximal **750 m** Zuweg haben wir den Start des Traumpfädchens **(1)** bei der Linkemühle erreicht.

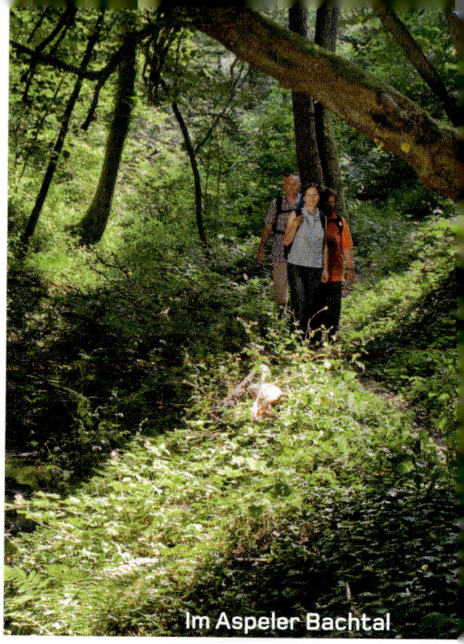

Im Aspeler Bachtal

Dieses Traumpfädchen ist herrlich entspannend: Kaum hat man den Zuweg absolviert, bietet der lauschige Wald Ruhe pur. Nach dem Anstieg zum Moselplateau lassen herrliche Blicke die Herzen höherschlagen. Das Finale auf dem Feuerrosenweg und die Eroberung der Mönch-Felix-Hütte sorgen für die Krönung der Runde.

Neben der Portaltafel „unseres" kurzen Weges gibt es hier auch eine Tafel zum längeren Traumpfad Schwalberstieg, den wir immer wieder streifen werden. Wir nutzen den kurzen Stichweg von der Straße zum Pfad und wenden uns zusammen mit dem Traumpfad nach links, da wir unsere Erkundung der Niederfeller Schweiz im Uhrzeigersinn absolvieren möchten.

Schon nach wenigen Schritten erleben wir, warum Waldwandern Entspannung pur ist. Zum Auftakt führt uns das Traumpfädchen über einen schmalen Waldpfad mitten durch das ruhige Aspeler Bachtal. Es geht ganz sanft bergan. Vom Bach ist

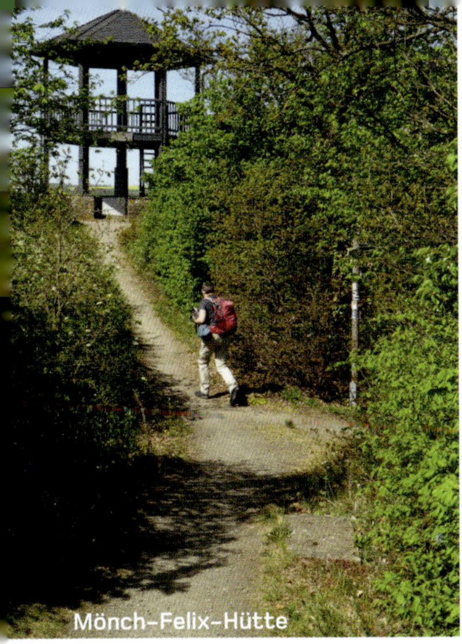

Mönch-Felix-Hütte

zunächst kaum etwas auszumachen, doch dafür erfreut uns der artenreiche Wald mit üppigem Grün. Wir passieren eine erste Weggabelung und behalten die Richtung bei, während wir unmerklich an Höhe gewinnen.

Neben der herrlichen Waldkulisse, die besonders an heißen Sommertagen erfrischende Kühle bietet, sind es immer wieder moosbewachsene Felsen, die ins Blickfeld drängen und für Abwechslung sorgen. Nur rund **500 Meter** hinter dem Startportal lädt uns bereits eine bequeme Holzbank zur ersten Pause ein. Kurz darauf knickt unser Pfad nach rechts, und endgültig regieren nun die Geräusche des Waldes.

Stress, Hektik und Lärm rücken in weite Ferne, und wir merken, wie wir mit jedem Schritt den Alltag hinter uns lassen. Mitten in diesen Waldträumereien hilft uns eine kleine Treppe beim Überwinden einer Geländestufe, und nur wenige Meter später ist etwas Aufmerksamkeit wichtig. Denn nach **0.7 km** trennen sich an einem Wegweiser die Wege von Traumpfad und Traumpfädchen - vorerst zumindest. Wir folgen den blauen Logos weiter Richtung Grillhütte und widmen uns daher dem halb rechts abzweigenden, fast eben verlaufenden Pfad, während sich der Traumpfad halb links zum Bach absenkt.

Das herrliche Pfadwandern setzt sich weiter fort, und mit sanftem Auf und Ab genießen wir den Wald, lauschen den Vögeln und dem leisen Plätschern des mittlerweile auch sichtbaren Aspeler Baches. Felsen und bemooste Altbäume sorgen für besondere Akzente in dieser herrlichen Natur. Eine Steintreppe hilft uns bei einem kleinen Anstieg, danach senkt sich der Pfad gemächlich ab. Und dann ist es so weit: Links erkennen wir die Gebäude der Grillhütte (2). Rastplätze, Grillstelle und ein kleiner Spielplatz laden nach **1.6 km** zur Unterbrechung der Wanderung ein.

Nach verdienter Pause kehren wir auf den Pfad zurück, der kurz darauf auf einen Querweg stößt. Nun wird es etwas anstrengend, denn wir biegen rechts auf die alte Niederfeller Viehdrift, einen deutlich ansteigenden Waldweg ab. Doch wir sind von der Pause an der Hütte gut erholt, und so erobern wir mit stetem Schritt die Höhenmeter bis zum Moselplateau.
Urplötzlich öffnet sich die Kulisse: Wir verlassen den Wald und genießen die offene Weite saftiger Wiesen. Vorbei an knorrigen Obstbäumen wandern wir bis zu einem asphaltierten Weg, wo wir uns rechts halten. Nun sind es nur noch wenige Meter bis zu einer markanten Kreuzung. Kein Zufall, dass hier nach **2 km** auch eine Bank bereitsteht, damit wir den grandiosen Ausblick über das Maifeld (3) entspannt genießen können.

Zur Fortsetzung der Wanderung wenden wir uns dem nach links zur Marienkapelle Pfaffenheck führenden Asphaltweg zu. Vorbei an einem kleinen Hundeübungsplatz geht es etwas bergan, doch schon bei erster Gelegenheit dürfen wir rechts auf

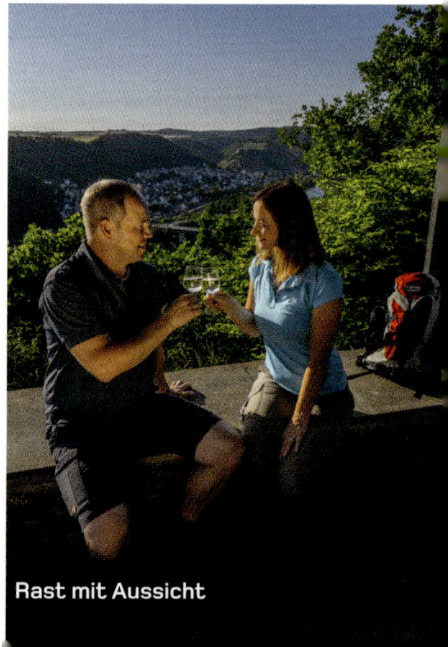

Rast mit Aussicht

einen Waldweg wechseln. An der folgenden Wegkreuzung biegen wir erneut rechts ab. Ein Wegweiser und markante Markierungslogos machen uns darauf aufmerksam, dass wir nun wieder vom Traumpfad und zusätzlich auch noch vom Moselsteig begleitet werden.

Auf dem bequemen, leicht befestigten Feldweg laufen wir nun spürbar abwärts. Bald weichen die umgebenden Hecken und Bäume zurück, und wir haben nach rechts und voraus eine freie Sicht über die angrenzenden Äcker und Wiesen. Abzweigende und querende Wege lassen wir beim Abstieg unbeachtet. Schließlich flacht unser Weg etwas ab und wendet sich leicht nach rechts. Begleitet von Hecken und vorbei an Streuobstwiesen gelangen wir nach **2.9 km** an einen Asphaltweg. Wir queren ihn schräg abwärts und biegen an einem Wegweiser nach rechts auf den hier beginnenden Feuerrosenweg ab. Den links nach Niederfell hinabführenden Zuweg ignorieren wir.

Wir durchschreiten ein Holzportal und sind neugierig auf die veränderte Naturland-

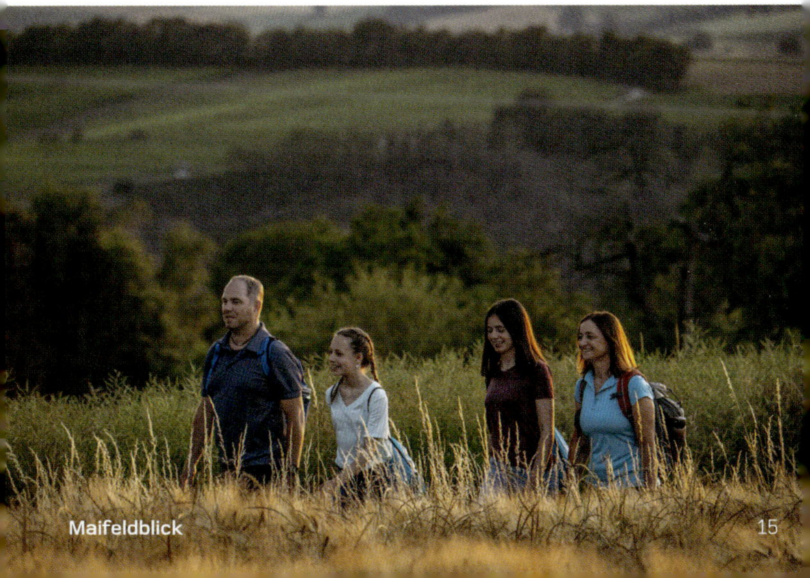

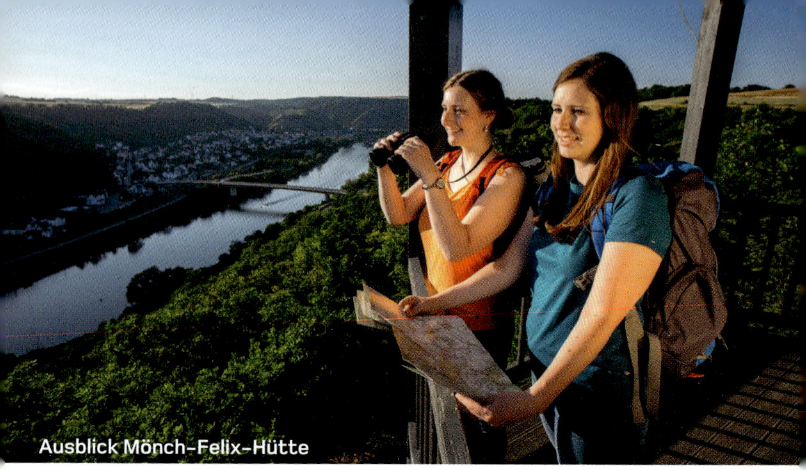

Ausblick Mönch-Felix-Hütte

schaft. Und der Weg hält was er verspricht, denn üppige Heckenrosenbüsche säumen den ersten Abschnitt des urigen Weges. Dazwischen erhaschen wir bereits Blicke auf das Moseltal und die Steilhänge auf der gegenüberliegende Flussseite.

So richtig gut können wir den Blick auf die Mosel nach **3 km** am Ausblick auf Schloss von der Leyen und die Johanniskirche **(4)** auskosten. Und ja: Eine Bank steht an diesem Logenblick natürlich auch für uns bereit ... Neben Niederfell haben wir auch Kobern-Gondorf mit seinen Burgen bestens im Blick. Es fällt schon schwer, sich von diesem Idyll loszureißen, aber noch wartet ein weiterer sprichwörtlicher Höhepunkt auf uns.

Wir folgen weiter dem sanft ansteigenden Pfad und erhaschen dabei immer wieder neue Ausblicke. Dazu kommen steil gestellte Schieferfelsen und eine wildromantische Bank im Grünen. Das Traumpfädchen macht seinem Namen wirklich alle Ehre. Als der Weg etwas breiter wird, mündet von rechts ein weiterer Waldweg ein.

Wir wenden uns etwas nach links und stehen bald am Abzweig zurück ins Aspeler

Bachtal. Doch bevor wir uns hier nach **3.7 km** rechts dem Pfad zuwenden, ist ein Abstecher zur nur wenige Meter entfernten Mönch-Felix-Hütte (5) absolute Pflicht. Wobei – Hütte trifft es nicht ganz, denn eigentlich handelt es sich um einen Aussichtsturm mit Bänken. Wir erobern also den Turm und sind fasziniert vom Moselpanorama. Tief unten liegt uns der Fluss zu Füßen, und wir genießen das 180-Grad-Panorama.

In Hochstimmung kehren wir zum Wegweiser zurück und widmen uns nun dem Abstieg zurück ins Tal. Ein Serpentinenpfad bringt uns nochmals mit dem vielstufigen Wald und der Geologie des Moseltals auf Tuchfühlung. Bei den ersten Häusern verlässt uns der Moselsteig und biegt links ab, während wir dem Pfad noch weiter treu bleiben und erst nach **4.3 km** an der Linkemühle (1) wieder auf die Zufahrtsstraße wechseln. Hier endet unsere traumhafte Runde durch die Niederfeller Schweiz.

! **Rückweg:** zurück zum Parkplatz oder Bus, folgen wir nun erneut rund 500 Meter der Bachstraße zur B 49. Dort leiten uns die Logos weitere 250 m rechts zum Parkplatz oder links zur Ortsmitte von Niederfell, wo wir den erlebnisreichen Tag mit einem Besuch in der Gastronomie ausklingen lassen können.

FAZIT

Der Weg sollte aufgrund des Reliefs und der Blickrichtungen im Uhrzeigersinn (also von der Linkemühle zunächst durchs Tal Richtung Grillhütte) gelaufen werden.

Schlüsselstellen: Der Weg weist keine besonders anspruchsvolle Passagen auf. Er nutzt im Wald oft schmale Pfade, die teils durch steile Hangflanken verlaufen. Trittsicherheit und feste Wanderschuhe sind wichtig, Wanderstöcke sinnvoll.

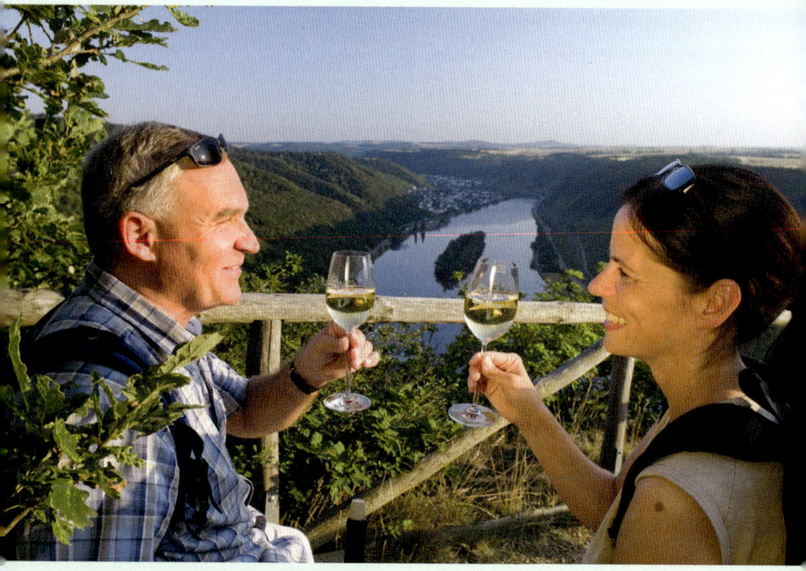

Rebenmeer im Schieferhang

Was wäre ein Besuch in der Moselregion ohne eine gebührende Würdigung des Wirtschaftsfaktors Nummer 1: des Moselweins! Die „Königsrebe" an den steilen Schieferhängen der Mosel ist unumstritten der Riesling. Neben fruchtigen und edelsüßen Rieslingweinen finden auch die trocken ausgebauten Moselrieslinge große Anerkennung. Die zweitwichtigste Weißweinrebe an der Mosel ist der Müller-Thurgau (auch Rivaner). Ebenfalls zu finden sind Kerner, Elbling und Weißburgunder. Bei den Rotweinen dominieren an der Mosel der anspruchsvolle Spätburgunder (Pinot Noire) und der kräftig gefärbte Dornfelder. Wer die Mosel besucht und Interesse am Wein mitbringt, findet in jedem der zahlreichen Weinorte Gelegenheit zu Weinproben oder auch zu Kellerführungen.

Infos bei den Gemeinden oder auf ⓒ www.sonnige-untermosel.de

Sonnige Untermosel, Moselstraße 7, 56332 Alken, 02605/8472736, www.sonnige-untermosel.de

Gasthaus Traube, Moselstraße 27, 56332 Niederfell. 02607/9619292, www.traube-niederfell.com
- Café Sander, Moselstraße 15, 56332 Niederfell. 02607/8309
- Mehr unter: www.sonnige-untermosel.de

Winzerhof Künster, Moselstr. 19, 56332 Niederfell, 02607/6524, www.winzerhof-kuenster.de
- Pension Birkenhof, Hauptstraße 52, 56332 Oberfell, www.birkenhof-mosel.de 02605/8830,
- Weitere Gastgeber: www.sonnige-untermosel.de

Wohnmobilstellplatz Kobern-Gondorf, Am Kalkofen (neben B 416), 56330 Kobern-Gondorf, 50 Stellplätze, Frischwasserstation, Entsorgungsstation, www.koberngondorf.de
- Wohnmobilstellplatz Alken, kleiner Wohnmobilstellplatz für 5 Fahrzeuge am Dorfeingang, www.alken.de

Von Koblenz kann man mit der Buslinie 301 täglich über Dieblich und Burgen bis Niederfell (Haltestelle Unter den Linden) fahren. Der Zuweg zum Traumpfädchen beginnt an dieser Bushaltestelle. www.vrminfo.de

Taxi Ewald 02605/4700
Taxi Holzmann 02607/974650

Hunde können das Traumpfädchen ohne Schwierigkeiten laufen. Unterwegs gibt es keinen Zugang zu offenem Wasser.

Premium-Wanderwege in der Nähe:
- Traumpfad Schwalberstieg, Niederfell, Länge: **10.8 km**
- Traumpfad Bleidenberger Ausblicke, Oberfell, Länge: **12.7 km**

2 Löfer Rabenlaypfad

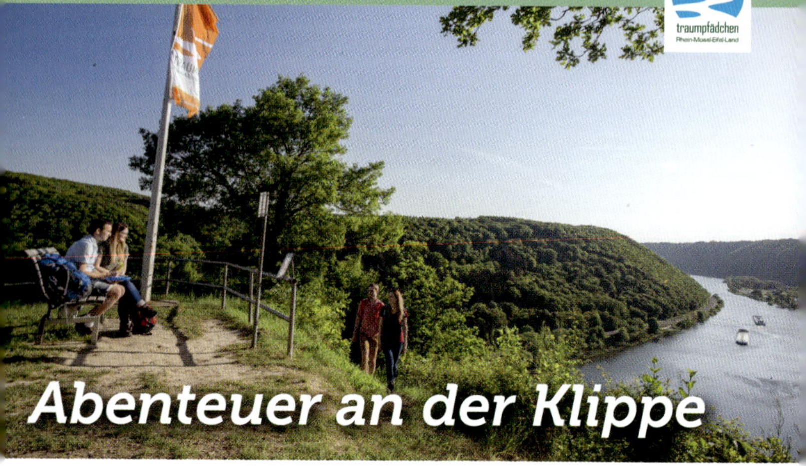

4.7	2h	158	231	382 449	SWP1X211
km	(Dauer)	↑ ↓	(höchster Punkt)	♀ ♂	(Download)

Start/Ziel: Schutzhütte Alzbachtal oder Sportplatz Löf (Zuweg)

Anfahrt: Löf erreicht man entlang der Mosel über die B 416. Der Parkplatz befindet sich beim Sportplatz Löf „In der Mark". Von dort ist ein Zuweg (350 m einfach) zum Start der Tour ausgeschildert.

P Sportplatz Löf „In der Mark"
N50° 14' 06.5'' • E7° 26' 15.2''

Wegpunkte:

P1 Schutzhütte Alzbachtal
32 U 388423 5566080

P2 Treffen Traumpfad
32 U 387426 5565649

P3 Winzerhütte
32 U 387455 5565380

P4 Rabenlay
32 U 387986 5565194

scan to go®

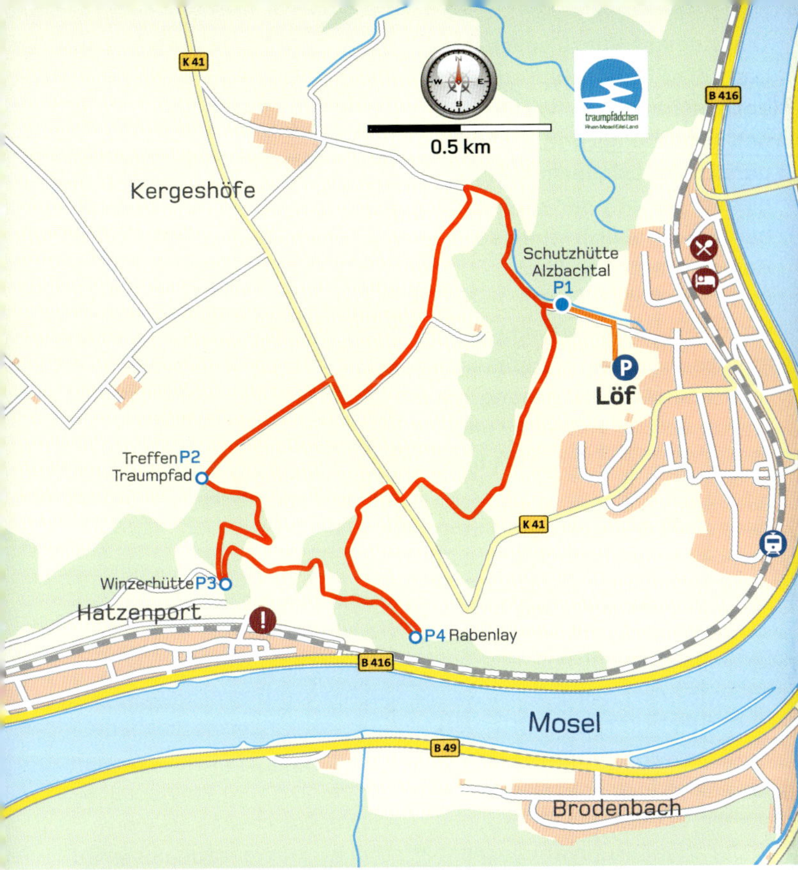
K 41
0.5 km
traumpfädchen
B 416
Kergeshöfe
Schutzhütte
Alzbachtal
P1
Löf
Treffen P2
Traumpfad
K 41
Winzerhütte P3
Hatzenport
P4 Rabenlay
B 416
Mosel
B 49
Brodenbach

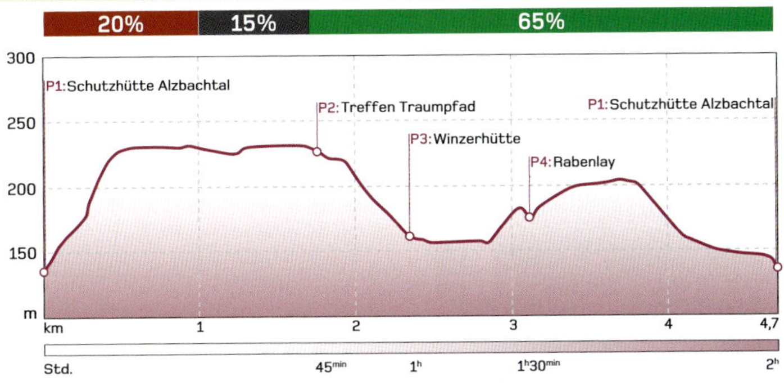
20%
15%
65%
300
250
200
150
m
P1: Schutzhütte Alzbachtal
P2: Treffen Traumpfad
P3: Winzerhütte
P4: Rabenlay
P1: Schutzhütte Alzbachtal
km
1
2
3
4
4,7
Std.
45min
1h
1h30min
2h

Trotz seiner Kürze sollte man den Löfer Rabenlaypfad nicht unterschätzen. Er verlangt uns konditionell und auch in puncto Trittsicherheit einiges ab, bietet aber zugleich herrliche Naturerlebnisse. Ruhige Wald- und Flurstrecken mit tollen Blicken werden gekrönt mit einer abenteuerlichen Pfadpassage durch den Moselsteilhang, die uns hinauf zur Rabenlay und einem sagenhaften Blick auf die Mosel führt.

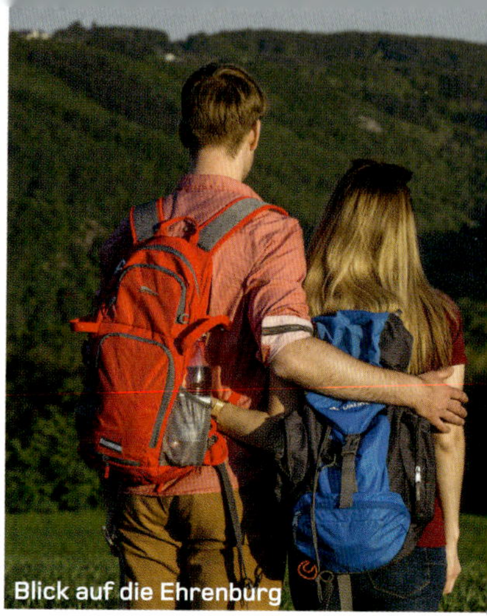

Blick auf die Ehrenburg

Vom Parkplatz am Sportplatz führt uns ein 350 m langer Zuweg zur Schutzhütte am Alzbach (1), wo unsere Entdeckungstour auf dem Rabenlaypfad beginnt. Der Pfad führt uns sogleich in den Wald, wo wir nach nur 50 Metern am Tripelpunkt der Tour stehen. Da sich die Höhepunkte der Wanderung am besten gegen den Uhrzeigersinn erschließen, laufen wir neben dem Bach weiter geradeaus stramm bergan.

Kondition und Schwindelfreiheit sollte man schon etwas mitbringen, damit diese Tour Spaß macht. !

Schritt für Schritt geht es durch den lichten Laubmischwald aufwärts. An einem Wegweiser gesellt sich von links der Moselsteig dazu. Doch diese Begleitung ist nur ein kurzes Intermezzo, denn schon wenig später biegt der Fernwanderweg am nächsten Wegweiser rechts ab, während wir uns geradeaus einem Pfad zuwenden.

Wir passieren eine eingezäunte Brunnenstube, und bald führt uns eine Treppe über eine Steilstufe. Auch danach steigt der Weg stetig weiter an. Doch bald sehen wir voraus den Waldrand,

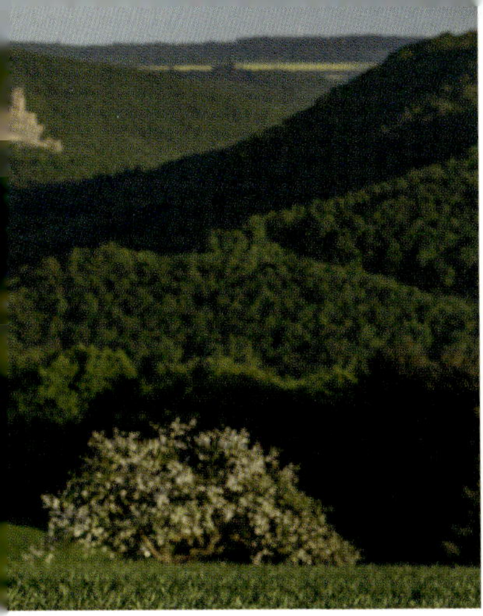

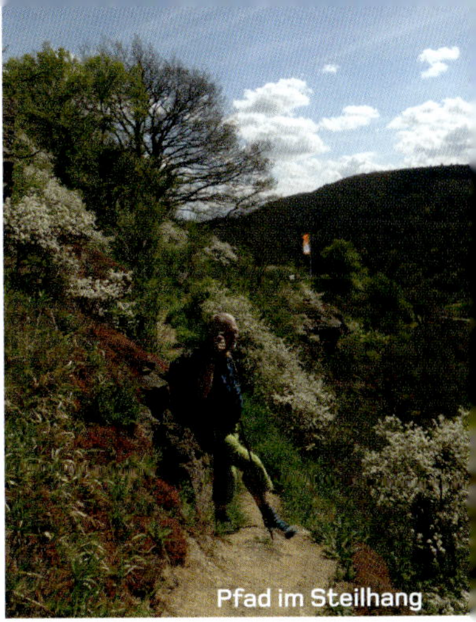

Pfad im Steilhang

und als wir nach **0.5 km** dort oben ankommen, ist die erste Herausforderung glücklich gemeistert.

Wir stehen an einer Wegkreuzung nebst Bank und wenden uns links einem Feldweg zu. Der führt uns nun bei bester Sicht auf das Moseltal nur noch sanft ansteigend durch Wiesen und Felder. Bei klarem Wetter sehen wir dabei in einem Seitental der Mosel auch die Ehrenburg, wie sie trutzig ihren Turm in den Himmel reckt.

Nachdem wir eine Hofzufahrt erreicht haben, wandelt sich unser Wegformat zu Asphalt, was uns zügig ausschreiten lässt. Wir passieren einen Sendemast, danach sorgt bald wieder herrliche Rundumsicht für gute Laune. Als wir auf die K 41 treffen, laufen wir auf grasigem Bankett rechts knapp 100 m bergan, bevor wir die Straße queren und auf der anderen Seite einem asphaltierten Wirtschaftsweg weiter durch die offene Flur folgen.

Auf Höhe eines Gehölzes endet der harte Belag, und nunmehr dürfen wir auf federndem Gras zum nahen Waldrand wandern. Dort treffen wir nach **1.8 km** auf den großen Bruder des Rabenlaypfades: den Traumpfad Hatzenporter Laysteig (2).

Gemeinsam biegen die beiden Wege links ab und folgen dem Waldrand. Noch bevor wir aber die Hangkante erreichen, trennen sich die beiden erneut: Wir dürfen den weißblauen Logos rechts bergab in den Wald folgen, während der Traumpfad geradeaus verläuft. Senkt sich unser Naturweg anfangs noch gemächlich talwärts, wird der Abstieg nach einem scharfen Knick an einer ersten Felsklippe deutlich steiler. Doch mit festen Wanderstiefeln meistern wir auch diese Herausforderung problemlos.

Bald hüllt uns artenreicher Laubmischwald ein, und allmählich flacht auch unser mittlerweile zum Pfad verengter Weg ab. Wir genießen diesen Waldabschnitt mitten durch den Moselsteilhang, und besonders als wir ein enges, tief eingeschnittenes Seitental umrunden, bekommen wir einen guten Eindruck von der

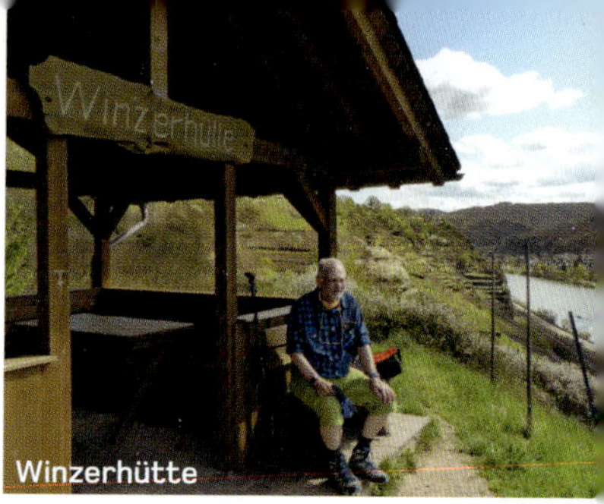

Winzerhütte

anspruchsvollen Topografie dieser Landschaft. Zugleich umweht uns ein Hauch von Urwaldatmosphäre, was besonders durch einzelne Lianen der Waldrebe unterstützt wird.

Noch während wir unseren Waldträumereien nachhängen, öffnet sich unvermittelt die Kulisse und entlässt uns ins Freie. Weinreben und der Blick über das Moseltal bestimmen nun das Bild. Ein Wegweiser macht zudem deutlich, dass wir nun nicht nur den Traumpfad wieder getroffen haben, sondern auch den Moselsteig. Alle drei Wege knicken links auf einen hangparallelen Pfad ab, doch zunächst ist es Zeit für einen lohnenden Abstecher. Der ist nur 50 m lang und führt uns die wenigen

Schritte zur nahen Hangkante, wo die luftige Winzerhütte (3) zur Rast mit Aussicht einlädt. Das lassen wir uns nach **2.4 km** nicht zweimal sagen und nehmen auf der Bank vor der Schutzhütte Platz.

Zur Rechten liegt uns Hatzenport zu Füßen, von halb links grüßt der markante Turm der St. Johanniskirche zu uns herauf. Und dann ist da natürlich die Rabenlay, die Namensgeberin unserer Tour, die keck und schroff und fast auf Augenhöhe zum Greifen nahe scheint. Noch trennt uns aber eine, knapp einen Kilometer lange, aufregende Pfadpassage von diesem Ziel. Bevor wir uns diesem anspruchsvollsten Abschnitt der heutigen Tour stellen, ruhen wir uns an der Hütte aus und genießen die herrliche Aussicht über das Moseltal.

Erholt und etwas gespannt laufen wir dann wieder zum Wegweiser und folgen von dort dem Pfad zur Rabenlay. Zunächst führt uns der Pfad noch einmal in urigen Wald zu einem Seitental. Dort zweigen kurz hintereinander die Zuwege nach Hatzenport und zur Johanniskirche ab, die wir aber beide ignorieren. Dann bringt uns der Pfad wieder ins Freie, wo sich grandiose Ausblicke zur Mosel eröffnen. Wir wandern nun durch ein Areal längst aufgegebener Weinberge, wovon alte, kunstvoll geschichtete Trockenmauern noch Zeugnis ablegen. Dann wird das Wegumfeld schroffer, blanke Felsen ragen unmittelbar links des Pfades empor, und an warmen Sommertagen huschen Eidechsen zwischen Mauerpfeffer und Felsspalten umher.

Wieder umrunden wir ein Seitental, danach stehen zwei Bänke zur Verschnaufpause bereit. Die zweite ist als Logenplatz inszeniert, denn sie steht etwas neben dem Pfad auf einer luftigen Klippe und bietet die perfekte Perspektive auf Hatzenport und St. Johannis. Anschließend dürfen wir mitten durch die Reben und unterhalb einer mächtigen Felswand entlangwandern, wobei wir etwas an Höhe gewinnen.

Nun wird der Pfad etwas felsiger, und bei Nässe ist hohe Aufmerksamkeit wichtig. Wieder führt der Pfad leicht bergan, dann stehen wir an einer Weggabelung: Wir wenden uns nach rechts und laufen über eine kleine Klippe die letzten Meter zur nahen Rabenlay (4). Dort haben wir nach **3.1 km** die freie Wahl: Schutzhütte, Bank oder geschwungene Bankliege: Sie alle bieten eine tolle Aussicht moselaufwärts und laden zur verdienten Rast ein.

Entsprechend schwer fällt es uns, die Wanderung fortzusetzen und diesen sagenhaften Platz zu verlassen. Aber schließlich gelingt es, und wir wenden uns am Wegweiser neben der Hütte nach links bergan. Auch die folgende Passage hat ihre Reize: Zwischen Hecken und Feldern wandern wir gemächlich hinauf auf das Moselplateau. Wer hier im Frühling unterwegs ist, wird von einem munteren Summ-Konzert unterhalten werden, denn dann stehen die blühenden Schlehenhecken bei Insekten ganz hoch im Kurs.

Einen Zuweg nach Löf lassen wir unbeachtet, erst als sich an einem Querweg der Traumpfad nach links verabschiedet, wechseln wir gemeinsam mit dem Moselsteig die Richtung und laufen rechts zur nahen

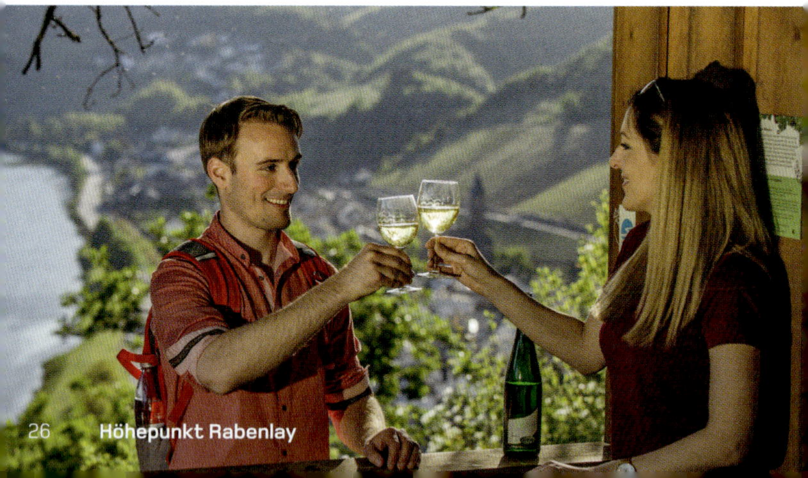

K 41. Bevor wir die Straße queren, geht es noch 50 m auf dem Grasbankett nach rechts, erst dann gibt es auf der anderen Seite einen Feldweg zur Fortsetzung der Tour.

Wir laufen zu einem Wäldchen und biegen dort rechts ab. Bald tauchen wir vollends in den Wald ein und verlieren auf deutlich absteigendem Waldweg an Höhe. Eine Linkskurve bringt uns an den Waldrand, dem wir bis zu einer Weggabelung folgen. Hier trennen wir uns nach **4.1 km** vom geradeaus verlaufenden Moselsteig und biegen rechts ab. Nur 20 m später wechseln wir links auf einen mit Betonsteinen verstärkten Feldweg. Der führt uns nun durch kurzweilige Wiesen und Felder, und ab und an erhaschen wir sogar einen Blick zur mächtigen Burg Thurant und zur Wallfahrtskirche auf dem Bleidenberg. Schließlich endet der Rasensteinweg an einer Festwiese im Wald.

Wir queren die Wiese und folgen dann einem Pfad in den Wald, um mit etwas Auf und Ab zurück zum Tripelpunkt zu gelangen. Dort wenden wir uns nach rechts und stehen kurz darauf nach **4.7 km** wieder an der Alzbachtalhütte (1), wo wir diese aufregende Tour beenden.

FAZIT

Der Weg bietet eine tolle Mischung aus Wald- und Flurpassagen und begeistert mit dem Pfad durch den Moselsteilhang. Dort sind allerdings Trittsicherheit und feste Wanderstiefel Voraussetzung für ein ungetrübtes Wandererlebnis. Am Ende der Tour gibt es in Löf Einkehrmöglichkeiten unweit der Mosel.

Schlüsselstellen: Der Rabenlaypfad verläuft zwischen Winzerhütte und Rabenlay über teils ausgesetzte, felsige Pfade (Vorsicht bei Nässe!). Sehr gute Trittsicherheit und Schwindelfreiheit sind wichtig. Zudem verlangen der Anstieg durch das Alzbachtal und der Abstieg zur Winzerhütte ein stabiles Schuhwerk.

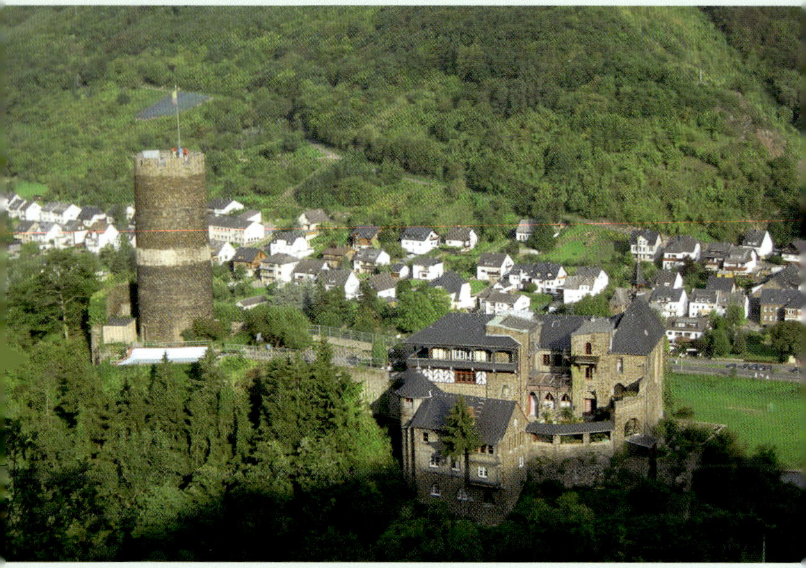

Historisches Wahrzeichen

Auf steiler Felsklippe erbaut, beherrscht die Burg Bischofstein seit dem 13. Jahrhundert das Moseltal aus luftiger Höhe. Angeblich existierte an dieser Stelle bereits im 6. Jahrhundert n. Chr. eine Befestigungsanlage, die erstmals um 1169 zur Burg ausgebaut wurde. 1259 befahl Erzbischof Arnold von Trier dann den Bau der Burg Bischofstein. Strategisch sehr gut gelegen, konnte sie zahlreichen Angriffen und Belagerungen standhalten, fiel aber dann wie fast alle Burgen im Rhein-Mosel-Land gegen 1689 der Zerstörung durch französische Truppen zum Opfer. Lediglich der mächtige Bergfried überstand die stürmischen Zeiten und war lange ein weithin sichtbares Wahrzeichen hoch über der Mosel. Mitte des 20. Jahrhunderts wurde die Burg restauriert und umgebaut. Heute dient sie als Schullandheim, und ist ebenso wie die Burgkapelle für die Öffentlichkeit zugängig. ① www.burgenwelt.de/bischofstein

Tourist Info Sonnige Untermosel, Moselstr. 7, 56332 Alken, ✆ 02605/8472736, ⓘ www.sonnige-untermosel.de

Café Pension Braun, Alte Moselstraße 5, 56332 Löf, ⏲ Mo. & Di. Ruhetag ✆ 02605/3315 ⓘ www.cafe-braun.de,

Hotel Lellmann-Ludwig, Alte Moselstraße 36, 56332 Löf, ✆ 02605/98070, ⓘ www.hotel-lellmann.de
▪ Moselstern Parkhotel Krähennest, Auf der Kräh 2, 56332 Löf, ⓘ www.parkhotel-kraehennest.de ✆ 02605/8080
▪ Hotel Restaurant Traube, Alte Moselstraße 2, 56332 Löf, ⓘ www.mosel-hotel-traube.de ✆ 02605/98080

Stellplatz Löf, In der Mark 2, 56332 Löf
▪ Campinginsel Sonnenwerth, Hatzenporter Werth 1, 56332 Hatzenport ✆ 02605 2151
▪ Campingplatz Mühle Vogelsang Rhein-Mosel-Straße 63, 56332 Brodenbach ⓘ www.muehle-vogelsang.de ✆ 02605/1437

Löf hat einen Bahnhof und ist gut per Zug zu erreichen. ⓘ www.vrminfo.de

Taxi Ewald, ✆ 02605/4700

Die St. Johannes Kirche von Hatzenport gilt als Kleinod der Spätromanik.
▪ Gegenüber von Löf thront die Burg Thurant. Die Burganlage lädt zum Rundgang ein und entführt in die Welt des Mittelalters. ⓘ www.thurant.de

Geländegängige Hunde können das Traumpfädchen gut bewältigen, finden aber nur am Start/Endpunkt guten Zugang zum Alzbach.

Premium-Wanderwege in der Nähe:

▪ *Traumpfad Hatzenporter Laysteig, Hatzenport*
Länge: **11.9 km**

▪ *Traumpfad Eltzer Burgpanorama, Wierschem*
Länge: **12.6 km**

3 Murscher Aussichten

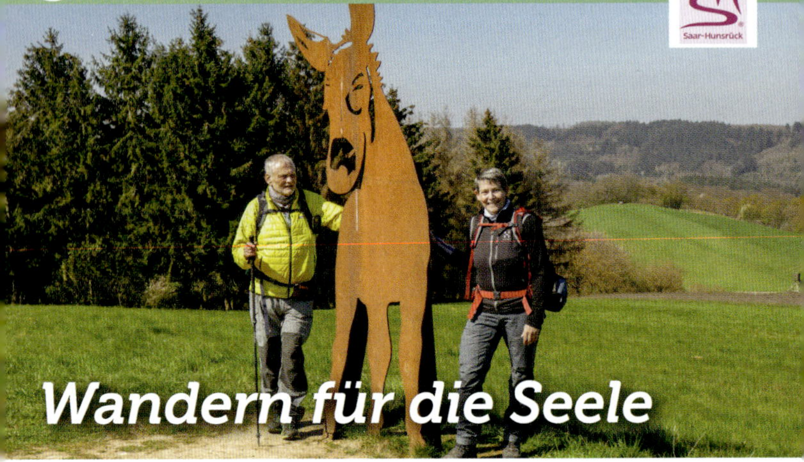

Wandern für die Seele

3.3	1h 15min	93	332	249 · 293	SWP1X31X
km		↑ ↓		♀ ♂	

Start/Ziel: Parkplatz Morshausen, Jakob-Kneip-Straße 34

Anfahrt: A 61 bis zur Ausfahrt Emmelshausen, über die L 206 nach Morshausen. Dort befindet sich am Ortsrand an der Jakob-Kneip-Eiche ein großer Wanderparkplatz.

Parken: Jakob-Kneip-Str.
N50° 11' 22.3'' • E7° 26' 06.8''

Wegpunkte:

P1 Parkplatz Morshausen
32 U 388301 5560875

P2 Bürgerhalle Morshausen
32 U 388646 5561138

P3 Stahlesel
32 U 387991 5560972

P4 Ausblick Nord
32 U 387682 5560662

P5 Ausblick West
32 U 387628 5560579

P6 Ausblick Süd
32 U 387897 5560496

P7 Eifelblick
32 U 388185 5560630

scan to go®

Besondere Empfehlung für einen Ausflug mit Kindern

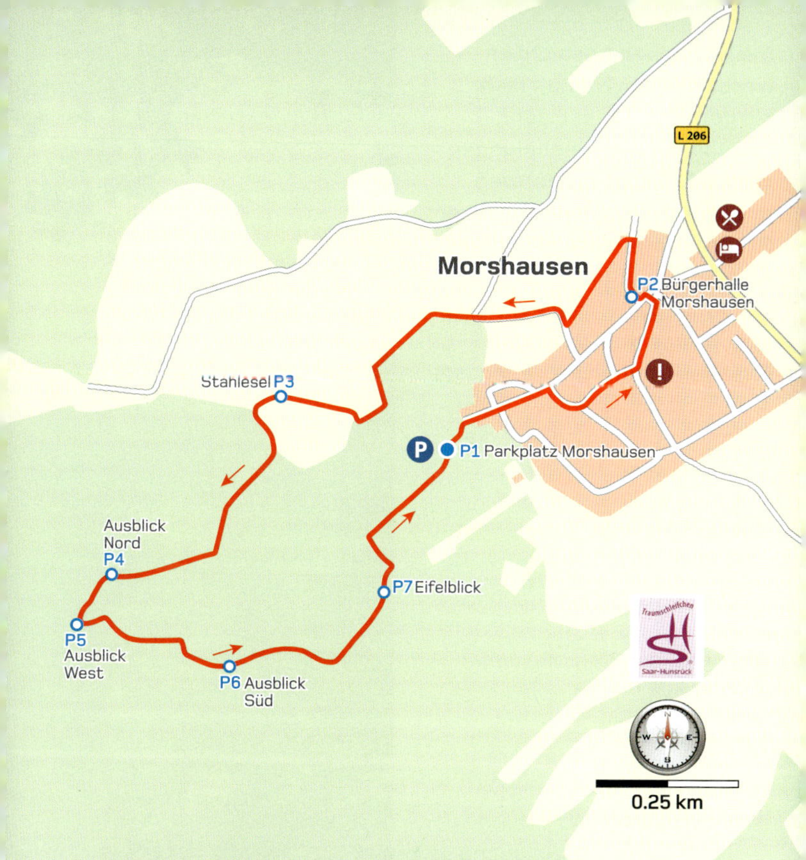

L 206
Morshausen
P2 Bürgerhalle Morshausen
Stahlesel P3
P1 Parkplatz Morshausen
Ausblick Nord P4
P5 Ausblick West
P6 Ausblick Süd
P7 Eifelblick
Traumschleifchen Saar-Hunsrück
0.25 km

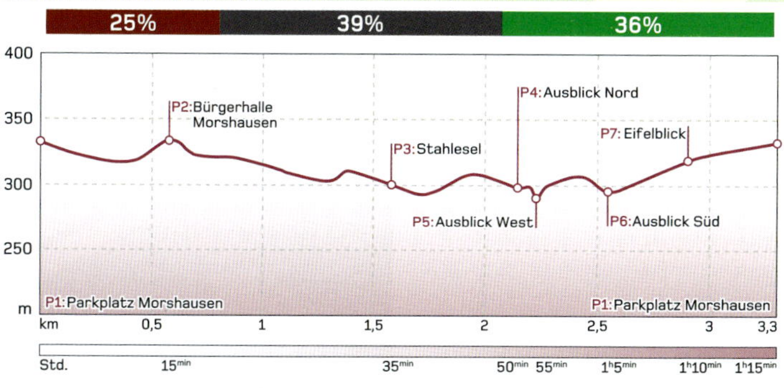

25%
39%
36%
400
350
300
250
m
P2: Bürgerhalle Morshausen
P3: Stahlesel
P4: Ausblick Nord
P5: Ausblick West
P6: Ausblick Süd
P7: Eifelblick
P1: Parkplatz Morshausen
P1: Parkplatz Morshausen
km 0,5 1 1,5 2 2,5 3 3,3
Std. 15min 35min 50min 55min 1h5min 1h10min 1h15min

Die Murscher Aussichten werden ihrem Namen mehr als gerecht. Dieser sehr reizvolle und abwechslungsreiche Spazierwanderweg präsentiert nach pittoresker Ortspassage viele grandiose Aussichten über Hunsrück und Moseltal. Ruhige Waldabschnitte und idyllische Rastgelegenheiten geben uns ausgiebig Gelegenheit zum Verweilen, Träumen und die Seele baumeln lassen.

Am großen Waldparkplatz am Ende der Jakob-Kneip-Straße in Morshausen (1) beginnen wir unsere Rundtour auf dem Traumschleifchen Murscher Aussichten. Gemeinsam mit dem „großen Bruder", der Traumschleife Murscher Eselsche, laufen wir vorbei an der mächtigen und beeindruckenden Jakob-Kneip-Eiche in den kleinen Ort. Dort biegen wir rechts in die Kirchstraße und schlendern im Bogen an herausgeputzten Fachwerkhäusern vorbei zur Kirche. Beim nächsten, mit auffallend rotem Fachwerk ausgestatteten Haus handelt es sich um das Backhaus der Gemeinde

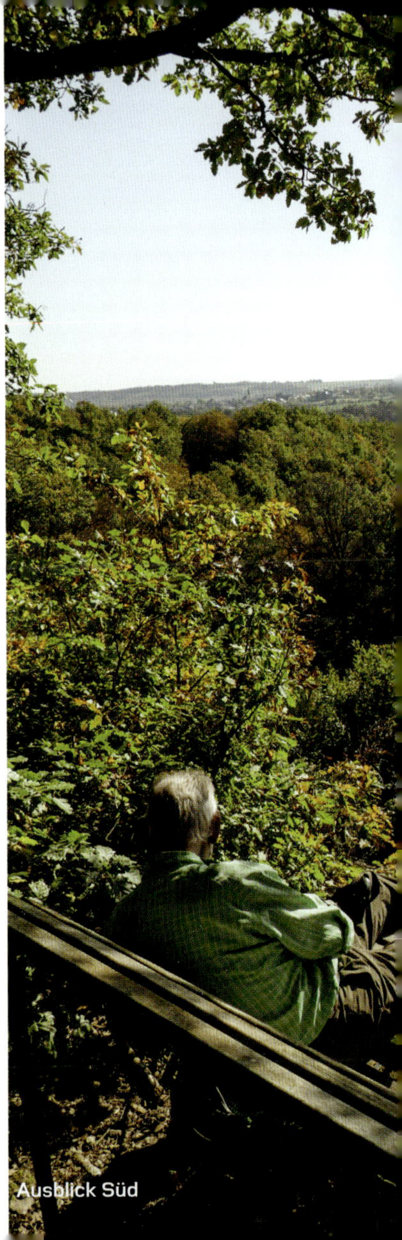

Ausblick Süd

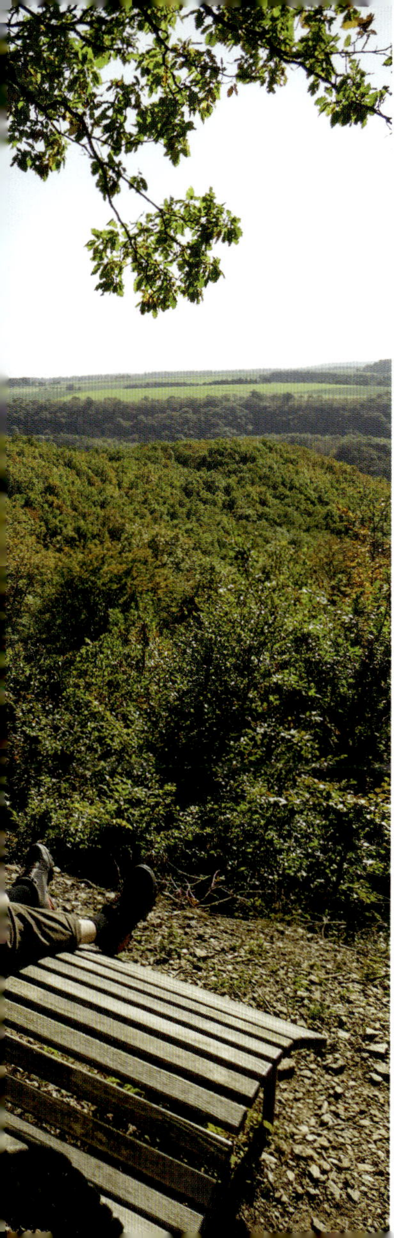

(„Backes"), das zudem das Jakob-Kneip-Museum beherbergt, welches das Lebenswerk des Dichters würdigt.

Wir wenden uns nach links und wandern durch die Kornstraße bergan zu einer großen Kreuzung mit Dorflinde und Bushaltestelle. Hier befinden sich nach **0.6 km** auch die Bürgerhalle (2) und der offizielle Startpunkt der begleitenden Traumschleife.

Wir passieren die Bürgerhalle und laufen rechts auf den „Engen Weg" Richtung Ortsrand. Dort stoßen wir an einem Wegweiser auf den Saar-Hunsrück-Steig und biegen scharf links auf einen grasigen Weg ab. Vorbei an einer Sinnesbank mit schöner Aussicht geht es nun unterhalb der Bebauung erstmals durchs Grüne. Am nächsten Querweg halten wir uns rechts und verlieren auf dem asphaltierten Weg etwas an Höhe. In einer Kurve beäugt uns vom Wegesrand ein hölzerner Esel, der das Wahrzeichen der Traumschleife „Murscher Eselsche" verkörpert.

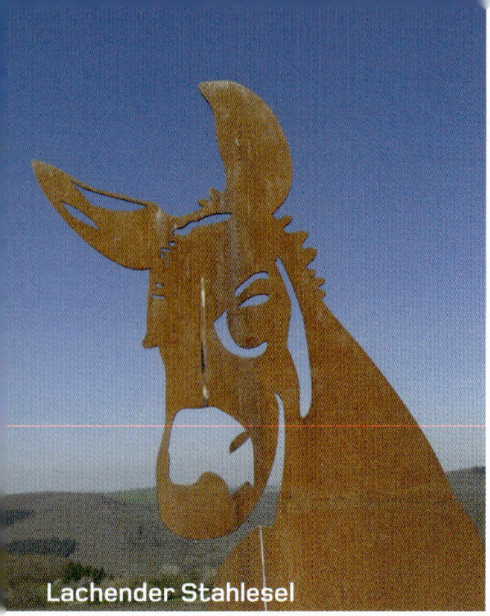
Lachender Stahlesel

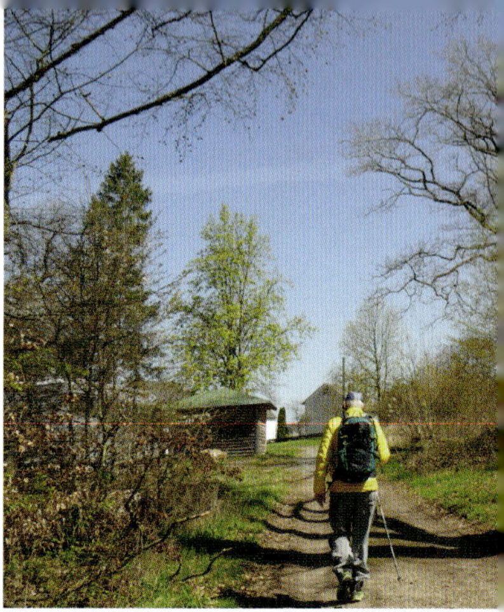

Wir verlassen den Asphalt und wenden uns links dem Wald zu. Doch lange bleiben wir nicht auf dem breiten Waldweg, denn schon nach 50 m schicken uns die Logos rechts auf einen gewundenen Waldpfad. Lange dauert diese erste Berührung mit dem Wald nicht, denn schon nach **1.3 km** haben wir den Waldrand erreicht und laufen nun links bergan zum nächsten Forstweg. Dort wenden wir uns nach rechts, lassen den Blick weit in Richtung Baybachtal schweifen und wenden uns bei erster Gelegenheit erneut rechts einem leicht befestigten Feldweg zu. Vorbei an einer aussichtsreichen Bank und ersten Infotafeln gehen wir durch offene Flur sanft bergab. Voraus erspähen wir bereits den nächsten Wegweiser. Doch was ist das daneben? Bei näherer Betrachtung erkennen wir einen gewaltigen Stahlesel (3), der neben einer urigen Baumstammbank auf der grünen Wiese steht und fröhlich auf uns Wanderer blickt. Neben dem tierischen Gesellen lässt es sich auf der urigen Bank hervorragend rasten (und fotografieren!), zumal die Aussicht, die sich von der Bank aus eröffnet, einfach sagenhaft schön ist. Logisch, dass uns bei so einem

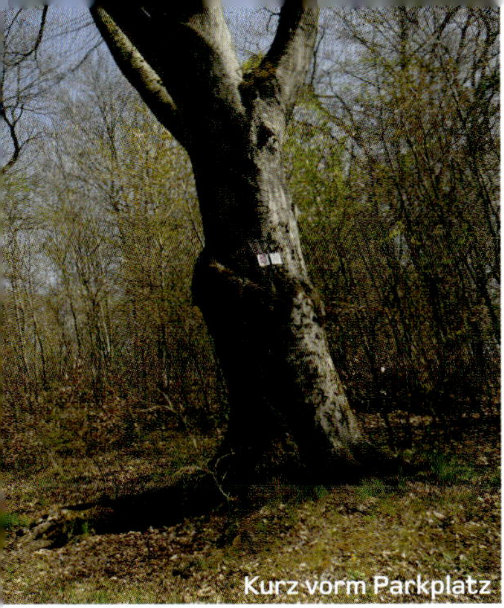

Kurz vorm Parkplatz

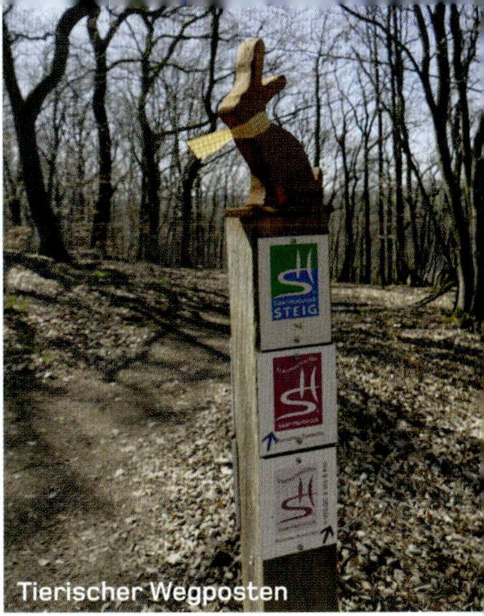

Tierischer Wegposten

Panorama das Weiterwandern schwerfällt, doch die Neugier auf die bevorstehenden „Murscher Aussichten" siegt. Wir verabschieden uns von der bisher begleitenden Traumschleife und biegen zusammen mit dem Saar-Hunsrück-Steig links auf einen Wiesenweg ab. Vorbei am Stahlesel laufen wir zum nahen Wald und tauchen unters schattige Blätterdach ab.

Nach den beeindruckenden Aus- und Weitsichten genießen wir das beschauliche Waldwandern besonders. Weich federt der Waldweg unter unseren Sohlen, und im Geäst des abwechslungsreichen Mischwaldes sind im Frühling die gefiederten Bewohner besonders munter. Nach **1.9 km** mündet unser Waldweg auf einen breiten Forstweg, auf dem auch wieder die Traumschleife verläuft. Dreifach geführt, biegen wir rechts ab und nähern uns dem nächsten Höhepunkt. Den erreichen wir nach sanftem Abstieg nach **2.2 km**: An der Aussicht Nord (4) erwarten uns eine Tafel und eine Bank samt urigem Wandergesellen, um den schönen Ausblick Richtung Moseltal in Ruhe auskosten zu können. Bei klarer Sicht erkennen wir sogar

Burg Bischofstein auf dem anderen Moselufer.

Beschwingt wandern wir den Pfad wieder bergan und folgen dem bald breiten Waldweg weiter durch den Laubmischwald. Lange müssen wir uns nicht gedulden, dann dürfen wir erneut rechts auf einen Stichpfad abbiegen. Der senkt sich deutlich ab und führt uns zur nächsten Bank an der Aussicht West (5). Diesmal gibt das Waldfenster einen schönen Blick frei zum Baybachtal und auf die angrenzenden Hunsrückhöhen rund um Macken.

Nach einer kurzen Pause folgen wir dem Pfad wieder bergan zum breiten Weg und biegen rechts auf diesen ab. Kurz können wir wieder entspannt auf bequemem Weg wandern, dann erreichen wir den nächsten Wegweiser, an dem alle drei Wege rechts auf einen Pfad abknicken. Angekündigt wird der Baybachblick, was uns sehr neugierig macht: Kann die nächste Aussicht die anderen noch toppen? Die Antwort bekommen wir

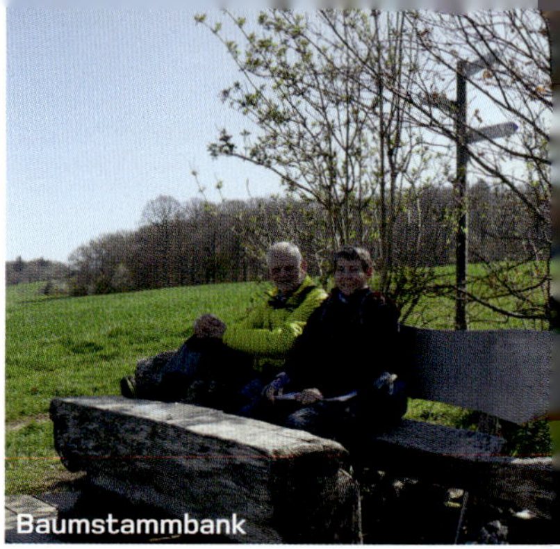
Baumstammbank

am Ende einer tollen Pfadpassage nach **2.6 km**, als wir an der Aussicht Süd (6), dem Baybachblick, eintreffen. Und ja, es ist noch einmal eine Erlebnissteigerung, denn wahlweise können wir von einem der drei Rastplätze, der Bank oder der urbequemen Sinnesbank aus den grandiosen Ausblick genießen.

Auch ein Mini-Holzesel darf in dieser Idylle natürlich nicht fehlen, und so kosten wir in tierischer Gesellschaft diese herrliche „Murscher Aussicht" in vollen Zügen aus. Wer einen scharfen Blick hat und klares Wetter erwischt, wird an den Hängen des Baybachtales sogar die Ruine Waldeck erspähen können.

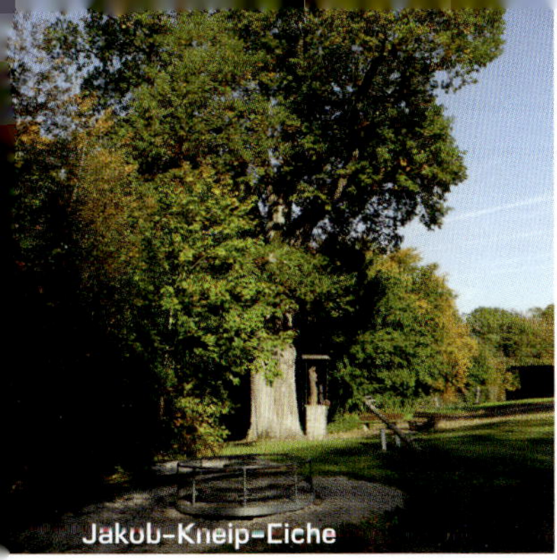

Jakob-Kneip-Eiche

Nach sehr ausgiebiger Rast (und Fotopause) setzen wir die Wanderung begeistert fort und dürfen dazu noch ein Stück dem urigen Pfad folgen. Doch dann trifft der auf einen breiten Wirtschaftsweg. An dieser Stelle laufen wir links bergan, während Saar-Hunsrück-Steig und Traumschleife rechts abbiegen.

Gemächlich, aber stetig gewinnen wir an Höhe. Als der Anstieg deutlich abflacht, erwartet uns rechts des Weges noch ein letzter schöner Ausblick (7). Auch eine Bank zum Ausruhen steht bereit, und so können wir auch diesen Fernblick nach **2.9 km** noch einmal entspannt genießen. Anschließend wandern wir noch etwa 100 m weiter, bevor wir scharf links auf einen Stichpfad wechseln. Der führt uns durch dichten Jungwald zu einem Querweg, auf dem erneut die Traumschleife verläuft.

Wir wenden uns nach rechts und legen nun ganz gemütlich die letzten Meter zum Parkplatz zurück. Nach **3.3 km** ist es dann so weit. Wir stehen wieder im Schatten der riesigen Jakob-Kneip-Eiche am Rand des Parkplatzes (1) und beenden unsere kurze, aber enorm sehenswerte Rundtour „Murscher Aussichten".

FAZIT

Die Tour ist sehr leicht und ohne besondere Kondition zu bewältigen. Wegen des Naturanteils sind feste Schuhe sinnvoll.

Schlüsselstellen: Der Weg weist keine besonderen Schlüsselstellen auf.

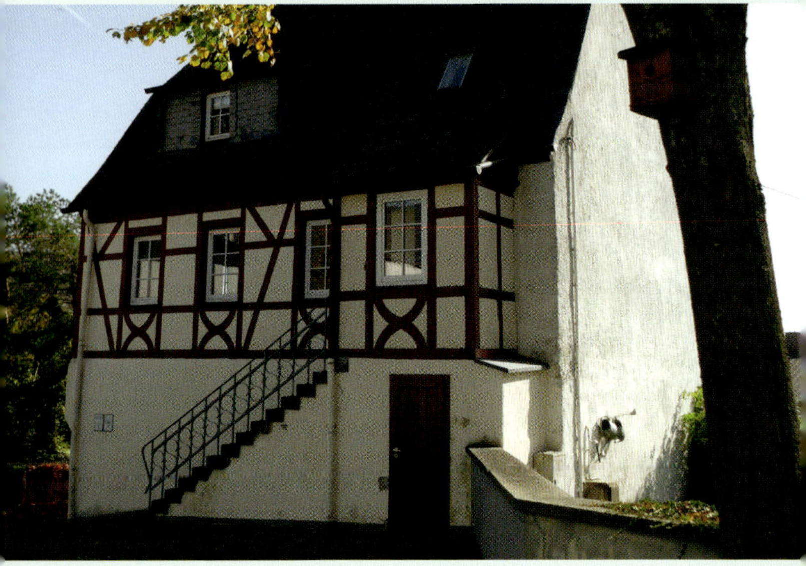

Museum im Backes

Jakob Kneip, 1881 in Morshausen geboren, ist der wohl berühmteste Einwohner dieses Hunsrückortes. 1926 war er Mitbegründer des Rheinischen Dichterbundes. 1956 wurde Jakob Kneip mit dem Bundesverdienstkreuz ausgezeichnet.

Der Autor starb 1958 bei einem Eisenbahnunfall. In seinem Geburtsort Morshausen ist die Erinnerung an ihn sehr lebendig. Besonders die kleine, aber sorgsam zusammengetragene Ausstellung im Jakob-Kneip-Museum (untergebracht im „Backes", dem alten Backhaus der Gemeinde) ist einen Besuch wert.

Jakob-Kneip-Museum Morshausen: Geöffnet jeden 1. Sonntag im Monat 14-16 Uhr und nach telefonischer Vereinbarung (✆ 02605-4576 oder -1865 oder -1682).

Tourist-Info am ZAP, Rhein Mosel-Str. 45, 56281 Emmelshausen,
www.rhein-mosel-dreieck.de
06747/93220

Gasthaus Schmitt, Jakob-Kneip-Straße 1, 56283 Morshausen,
www.gasthausschmitt.de
02605/4479,

Hotel & Restaurant Forellenzucht, Im Baybachtal, 56332 Burgen / Macken,
www.hotel-forellenzucht.de
02605-4640

Von Emmelshausen gelangt man mit den Buslinien 628 und 629 nach Morshausen. Weitere Informationen unter:
www.vrminfo.de

Camping-Mobilheimpark „Am Mühlenteich", 56291 Lingerhahn/Hunsrück,
www.muehlenteich.de
06746/533

Taxi Huet, Rhein-Mosel-Str. 38, 56281 Emmelshausen,
06747-597059

- *Taxi Kroth, Ringstr. 5, 56281 Emmelshausen, 06747-258*

Hunde können den Weg problemlos absolvieren, unterwegs gibt es keinen Zugang zu Wasser.

Premium-Wanderwege in der Nähe:

- *Traumschleife Murscher Eselsche, Morshausen, Länge:* **10.8 km**
- *Saar-Hunsrück-Steig, Länge:* **406 km**, *Perl - Mettlach - Keller Steg – Trier – Idar-Oberstein - Boppard*

4 Baybachquellen

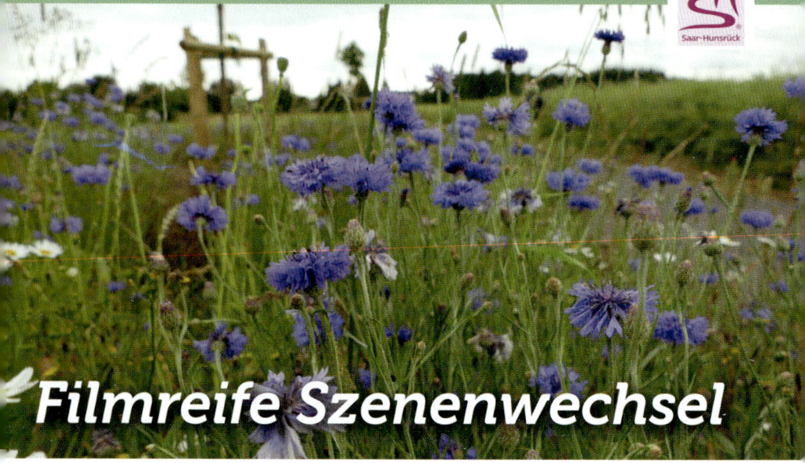

Filmreife Szenenwechsel

6.3	2h 15min	120	502	435	511	SWP1X4X9
km	Dauer	↑ ↓	▲	♀	♂	Download

Start/Ziel: Pfalzfeld, Abzweig Schinderhannes-Radweg

Anfahrt: A 61 bis Pfalzfeld, über L 215 und K 100 zum Sportplatz am Ortsausgang (Richtung Hausbay). Zuweg zum Traumschleifchen (ca. 500 m).

Parken: Sportplatz Pfalzfeld
N50° 06' 34.4'' • E7° 34' 15.4'
Parkplatz Ortsrand Pfalzfeld
N50° 06' 36.5'' • E7° 34' 32.6''

Wegpunkte:

P1 Ortsrand Pfalzfeld
32 U 398160 5551846

P2 Schinderhannes-Schutzhütte
32 U 398059 5551191

P3 Campingplatz Am Mühlenteich
32 U 397895 5550478

P4 Hunsrück-Panoramablick
32 U 397893 5550259

P5 Pfalzfelder Marktplatz
32 U 398852 5550650

P6 Obelisk
32 U 398287 5551868

scan to go®

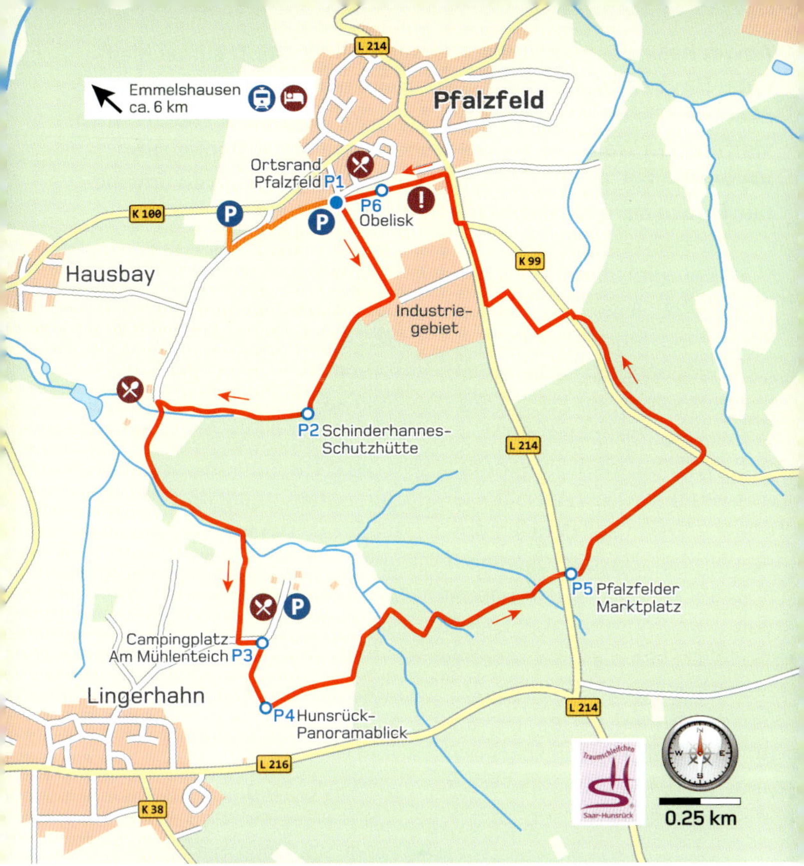

L 214
Emmelshausen
ca. 6 km
Pfalzfeld
Ortsrand
Pfalzfeld P1
P6
Obelisk
K 100
Hausbay
K 99
Industrie-
gebiet
P2 Schinderhannes-
Schutzhütte
L 214
Campingplatz
Am Mühlenteich P3
P5 Pfalzfelder
Marktplatz
Lingerhahn
P4 Hunsrück-
Panoramablick
L 214
L 216
K 38
0.25 km

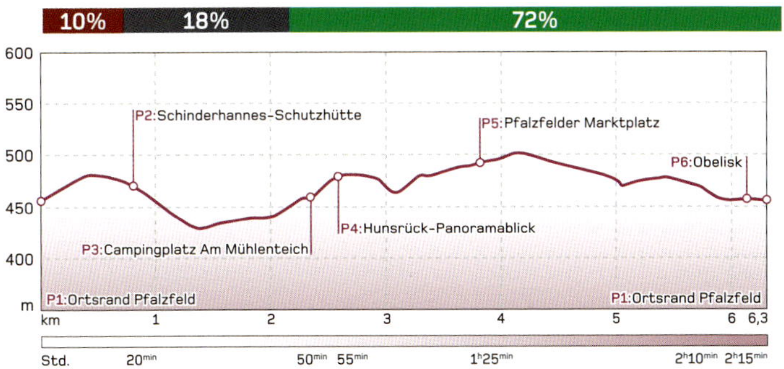

10%
18%
72%
600
550
500
450
400
m
P2:Schinderhannes-Schutzhütte
P5:Pfalzfelder Marktplatz
P6:Obelisk
P4:Hunsrück-Panoramablick
P3:Campingplatz Am Mühlenteich
P1:Ortsrand Pfalzfeld
P1:Ortsrand Pfalzfeld
km 1 2 3 4 5 6 6,3
Std. 20min 50min 55min 1h25min 2h10min 2h15min

Abwechslungs- und aussichtsreich führt das Traumschleifchen Baybachquellen nicht nur zu immer wieder beeindruckenden Panoramen, sondern auf sanften Pfaden auch durch vielfältigen Wald. Unterwegs laden zahlreiche Bänke zum Verweilen ein – und gleich drei Einkehrmöglichkeiten unweit der Route sorgen fürs leibliche Wohl.

Vom Parkplatz am Sportplatz von Pfalzfeld geht es über einen Feldweg zum nahen Schinderhannes-Radweg. Diesem folgen wir nach links, bis wir am Parkplatz am Ortsrand auf den Startpunkt und ersten Wegweiser (1) unserer Tour auf dem Traumschleifchen Baybachquellen stoßen. Da wir den Weg gegen den Uhrzeigersinn absolvieren möchten, um die Gastronomie am Obelisken am Ende genießen zu können, verlassen wir an dieser Stelle den Radweg und wenden uns rechts dem ansteigenden Feldweg zu.

Kaum sind wir ein paar Schritte bergan gelaufen, können wir links den historischen Wasserturm bewundern. Beachtlich ist auch der Ausblick in die Umgebung, denn weit und offen breitet sich die beeindruckende Hunsrücklandschaft um uns herum aus.

Die Perspektive wird noch deutlich besser, nachdem wir den ersten Aufstieg beendet haben und rechts auf einen Feldweg abgebogen sind. Wir passieren einige oberhalb gelegene Häuser und erreichen den nahen Waldrand, an dem nach nur **0.5 km** eine erste und urbequeme Sinnesbank zum Verweilen und „Fern-Sehen" einlädt.

Doch lange verweilen wir nicht, denn wir sind neugierig, was uns der Weg noch bieten wird. Also folgen wir bei herrlicher Aussicht dem Waldrand sanft abwärts, bis wir wieder auf den Schinderhannes-Radweg stoßen. Hier empfängt uns die Schinderhannes-Schutzhütte (2), die einen netten Pausenplatz bietet.

Wir queren den Radweg, wandern geradeaus am Waldrand weiter und verlieren dabei

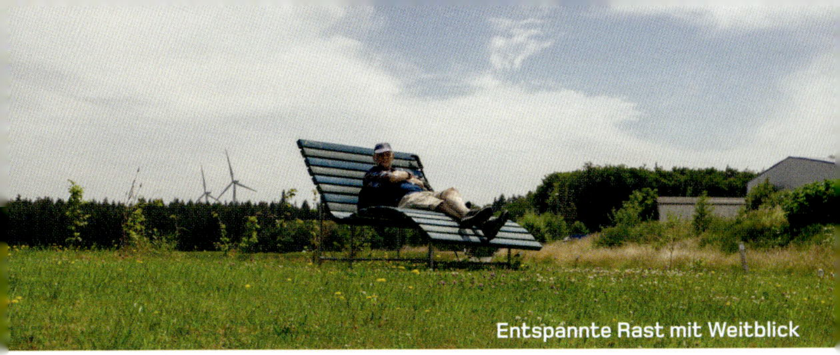
Entspannte Rast mit Weitblick

stetig an Höhe. Langsam wandelt sich die Wegumgebung: Wiesen und Hecken begleiten uns, bis wir nach **1.3 km** an einem Querweg auf den nächsten Wegweiser stoßen.

Rechts führt ein Zuweg zum Campingplatz Schinderhannes, unsere Route setzt sich nach links fort. Gemütlich wandern wir auf dem leicht befestigten Weg am Rand des ersten Campingplatzes auf der Runde entlang und betreten bald den Wald. Angenehmer Schatten umfängt uns, und schnell gewöhnen wir uns ans schummrige Grün. Bald rieselt neben dem Weg auch ein erstes kleines Rinnsal.

Wir lassen den Campingplatz hinter uns, passieren eine Bank und gewinnen ganz sachte an Höhe. Doch schon ist es wieder Zeit für den nächsten Szenenwechsel: Wir queren den mittlerweile etwas mächtigeren Bachlauf und treten in die offene Flur hinaus. Links begleiten uns dichte Hecken, die den zweiten Campingplatz auf der heutigen Tour umgeben. Nach kurzem Anstieg treffen wir auf die asphaltierte Zufahrt und wenden uns nach links. Kurz darauf stehen wir am großen Portal des Campingplatzes Am Mühlenteich (3), wo nach **2.4 km** auch eine Gastronomie zur Einkehr lockt. Zudem gibt es hier eine Bank sowie eine Übersichtstafel zum Wegverlauf.

Wir setzen die Wanderung mit einem kurzen Anstieg durch die Felder fort. Rasch erreichen wir aber einmal mehr den Schinderhannes-Radweg und freuen uns sehr über die bereitstehende Sinnesbank Nummer 2, die es uns ermöglicht, den nächsten grandiosen Hunsrück-Blick (4) entspannt und bequem zu genießen.

Wir wandern weiter und sind voller Lob für die Wegeplaner, die uns nicht etwa auf dem Radweg wandern lassen, sondern dafür einen parallelen Grasweg ausgesucht haben. So lässt es sich ohne rollende Konkurrenz gut gehen. Am nahen Waldrand schickt uns unweit einer Bank der nächste Wegweiser nach links talwärts. Kurz bevor wir wieder unter das Blätterdach des Laubmischwaldes schlüpfen, passieren wir eine weitere Bank – Ruhegelegenheiten gibt es auf dieser Tour wirklich reichlich!

Im Wald macht uns nach wenigen Schritten eine Tafel am Wegesrand auf einen kleinen Wasserlauf aufmerksam. Es ist einer der Quellbäche des Baybachs, der noch sehr junge Pfalzfelder Bach. Im weiteren Verlauf speist er das beliebte Schwimmbad im benachbarten Campingplatz.

Wir wandern weiter und lassen uns von den stattlich gewachsenen und beeindruckenden Buchen in Bann schlagen, deren dicke Stämme den Weg flankieren. Mit einem Schlenker gelangen wir zum wenige Meter oberhalb verlaufenden Radweg und folgen diesem für knappe 100 m nach links.

Dann führt uns ein kleiner Steg ins angrenzende Waldgebiet. Anfangs wandern wir noch auf normalem Waldpfad,

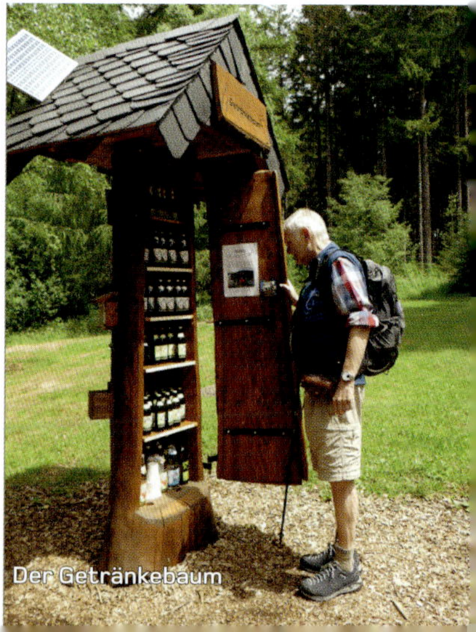

Der Getränkebaum

doch schon bald dürfen wir auf einem eingesäumten Holzpfad durch einen reizvollen Birken-Feuchtwald sanft bergan laufen. Die Vegetation zeigt nun deutlich, dass wir uns hier in einem Quellgebiet aufhalten. An einer Waldlichtung übernimmt wieder höherer Mischwald die Regie, und wir wandern geradeaus weiter.

Noch immer geht es fast unmerklich aufwärts, das bleibt auch so, als wir in einer Wegkurve einfach geradeaus auf einem Pfad Richtung Straße laufen. Aufmerksam queren wir nach **3.8 km** die Straße und erhalten dann auf der großen Waldwiese des „Pfalzfelder Marktplatzes" **(5)** die nächste Rastgelegenheit. Hier steht ein origineller Getränkebaum zum Stillen des Durstes bereit. Erstmals fand hier im 15. Jahrhundert ein Markt (ursprünglich zur Kirchweih) statt. Seit 1988 wird jeweils am 2. Augustwochenende diese Tradition mitten im Wald fortgesetzt.

Vom (Wald-)Marktplatz führt uns ein weicher Weg durch eine herrliche Nadelwaldpassage, tief atmen wir die würzig duftende Luft ein. Viel zu schnell ist dieses Waldvergnü-

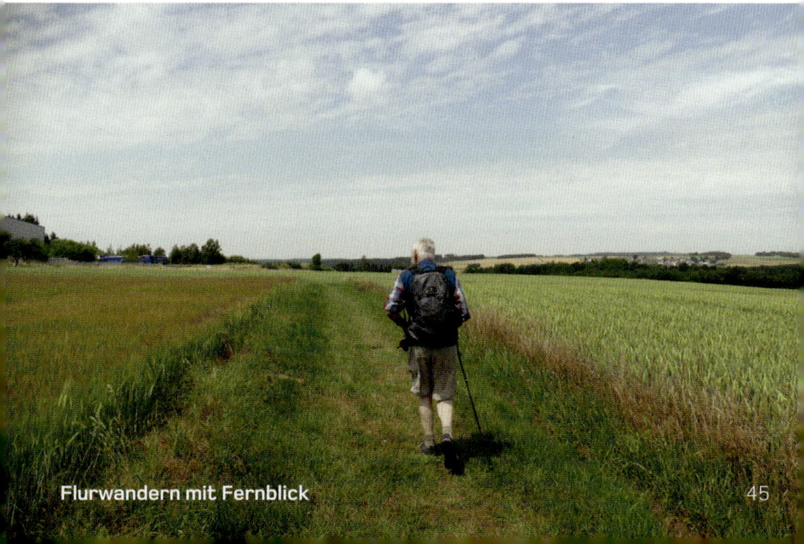

gen zu Ende, denn wir erreichen einen breiten Forstweg und biegen rechts ab. Nun sind es nur noch wenige Höhenmeter, dann haben wir den höchsten Punkt unserer Tour mitten im Wald unspektakulär überschritten. Wenig später treffen wir an einer kleinen Straße ein, queren sie und wenden uns an einem Wegweiser nebst Bank nach links.

Holzschnitzel sorgen für gutes Vorankommen im niedrig gewachsenen, von Nadelbäumen dominierten Wald. Erst im hohen Buchenwald spüren wir wieder normalen Waldboden unter den Sohlen. Allerdings nicht lange, denn nach **5 km** stoßen wir auf einen Forstweg, dem wir links zur nahen Straße folgen.

Nun lassen wir den Wald endgültig hinter uns, queren die Straße und wandern auf einem Feldweg bergan. Die folgenden Richtungswechsel überstehen wir dank guter Markierung ohne Probleme und können uns daher ganz der weiten Aussicht widmen. Unmerklich gewinnen wir dabei auch an Höhe, und schließlich treffen wir am Bankett der nächsten Straße ein.

Doch erneut nutzt unser Traumschleifchen einen parallel verlaufenden Grasweg, der vorbei an Apfelbäumen zum nächsten Höhepunkt der Wanderung führt: An der Kreuzung von L 214 und K 99 lädt auf einer Anhöhe nach **5.7 km** die letzte Sinnesbank zum Verweilen und Ausschau-

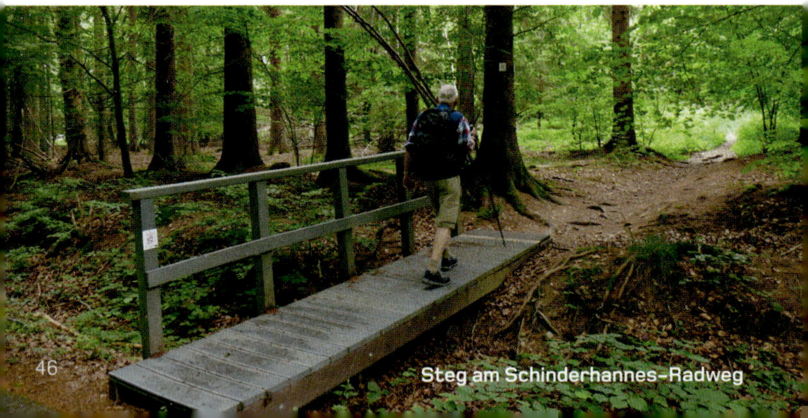

Steg am Schinderhannes-Radweg

halten ein. Das lassen wir uns trotz der umgebenden Straßen nicht entgehen, denn außer dem Wasserturm ist auch eine herrliche Aussicht auf die Umgebung zu bewundern.

Nach der Pause queren wir zunächst die K 99, laufen zur L 214 und queren auch diese. Ein Grasweg führt uns nun zum nahen Ort, wo wir bald wieder auf den Schinderhannes-Radweg stoßen. Wir biegen links auf den Radweg ab und passieren den alten – in Privatbesitz befindlichen – Bahnhof mit seinen in die Jahre gekommenen Schlafwagen. Gleich danach zieht der Obelisk (6) von Pfalzfeld unseren Blick magisch an. Kaum zu glauben, dass dieses Kunstwerk aus der Keltenzeit stammt. Eine Tafel bringt uns die wechselvolle Geschichte des Obelisken näher. Nun sehen wir voraus bereits wieder den ersten Wegweiser der Tour, an dem wir unsere Wanderung begonnen haben.

Doch bevor sich dort der Kreis schließt, gibt uns die neue Gastronomie Gelegenheit zur gemütlichen Schlusseinkehr. Gestärkt laufen wir dann noch die letzten Meter und nutzen ab dem Wegweiser (1) nach **6.3 km** wieder den Zuweg zum Parkplatz.

FAZIT

Der Weg verlangt keine besonderen Fähigkeiten, nur normale Kondition. Festes Schuhwerk ist aber aufgrund der Naturweganteile besonders bei feuchter Witterung oder im Winter empfehlenswert. Die empfohlene Gehrichtung für diesen Weg ist gegen den Uhrzeigersinn.

Schlüsselstellen: Der Weg weist keine besonders anspruchsvollen Schlüsselstellen auf.

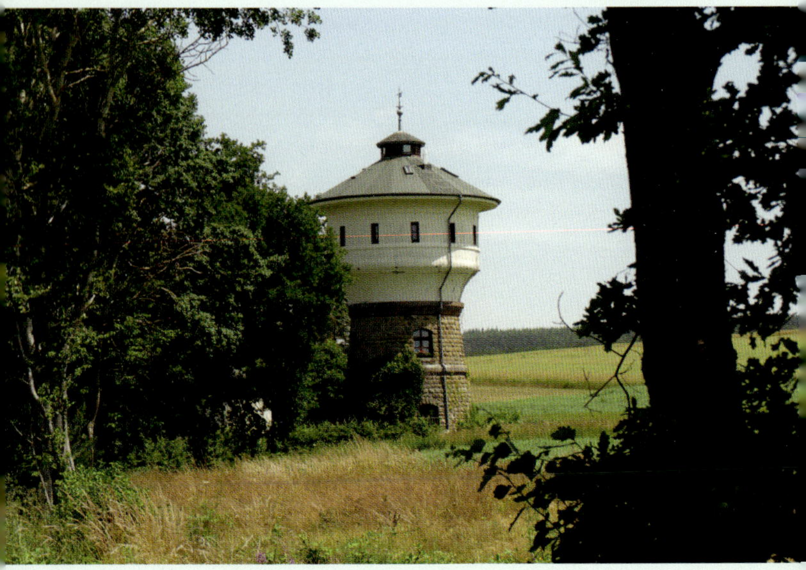

Wasser für das Dampfross

Der Wasserturm bei Pfalzfeld ist nicht nur eine perfekte Landmarke für die Wanderung auf dem Traumschleifchen Baybachquellen. Er ist auch Zeuge der mittlerweile fast in Vergessenheit geratenen Bahnhistorie der Region. Denn einst verkehrten zwischen Simmern und Boppard Züge, deren Dampfloks an Wassertürmen wie dem in Pfalzfeld das zur Dampfgewinnung notwendige Wasser bunkern konnten. Der Pfalzfelder Turm versorgte bis 1960 über zwei Wasserkräne die Loks mit dem wichtigen Nass. Mit der Einstellung der Bahnlinie verloren sowohl der Wasserturm als auch der Bahnhof in Pfalzfeld ihre Bedeutung. Heute ist lediglich der Abschnitt zwischen Emmelshausen und Boppard noch im Regelbetrieb.Wer mehr über die Hunsrückbahn erfahren möchte, kann dem zwischen Mai und Anf. Oktober geöffneten Hunsrückbahnmuseum in Emmelshausen einen Besuch abstatten. Infos unter ⓘ www.museum.lochris.de

Tourist-Info am ZAP, Rhein Mosel-Str. 45, 56281 Emmelshausen, www.rhein-mosel-dreieck.de 06747/93220

Erlebnisgastronomie Gleis 3, Raiffeisenstraße 19, 56291 Pfalzfeld, 06746/8029703
- *Campingplatz Schinderhannes, 56283 Hausbay, 06746/5005440, www.countrycamping.de*
- *Campingplatz am Mühlenteich, 56291 Lingerhahn, 06746/533, www.muehlenteich.de*

Hotel Münster, Waldstr. 3a, 56281 Emmelshausen, www.hotel-muenster.de 06747/93940,
- *Hotel Waldfrieden, Bopparder Str. 12a, 56281 Emmelshausen, www.hotel-waldfrieden-emmelshausen.de 06747/244*

Boppard ist mit der Deutschen Bahn gut erreichbar. Von Boppard aus kann man mit der Hunsrückbahn bis Emmelshausen fahren. Von Emmelshausen gelangt man auch am Wochenende mit der Buslinie 625 (Richtung Kastellaun) nach Pfalzfeld. www.vrm.info

Campingplatz Schinderhannes, 56283 Hausbay, 06746/5005440, www.countrycamping.de
- *Campingplatz am Mühlenteich, 56291 Lingerhahn, 06746/533, www.muehlenteich.de*

Taxi Huet, Rhein-Mosel-Str. 12, 56281 Emmelshausen, 06747/1500, www.taxi-huet.de

Hunde können die Tour problemlos laufen. Unterwegs gibt es nur einmal Zugang zu einem nicht immer wasserführenden Bach.

Premium-Wanderwege in der Nähe:
- *Traumschleife Oberes Baybachtal, Reifenthal, Länge:* **15.3 km**
- *Traumschleife Rabenlay, Gondershausen, Länge:* **16.6 km**

5 Erlebnispfad Junge Wald

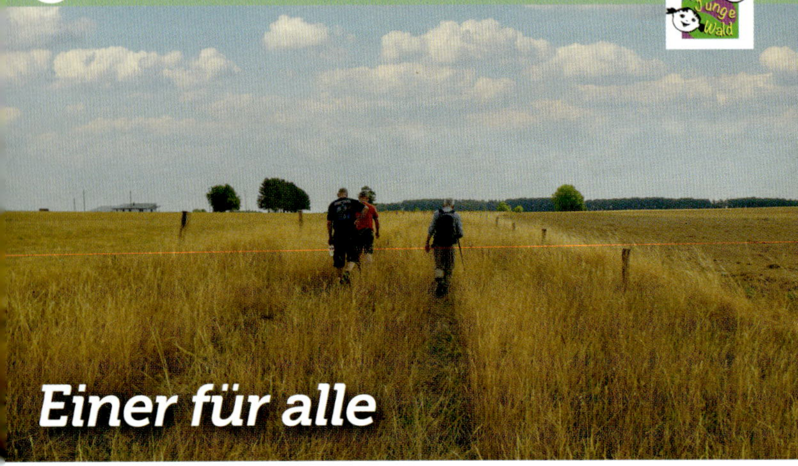

Einer für alle

4.5	1h 45min	71	445	310 365	
km	(Zeit)	↑ ↓	(Höhe)	♀ ♂	SWP1X5X8

Start/Ziel: Parkplatz am Sportplatz Buch an L 204

Anfahrt: Hunsrückhöhenstraße (B 327) bis zur Abfahrt Kastellaun/Bell/Buch. Über die L 204 zum Abzweig Sportplatz Buch (am östlichen Ortsrand)

Parken: Sportplatz Buch
N50° 04' 24.7'' • E7° 24' 06.7''

Besondere Empfehlung für einen Ausflug mit Kindern

Wegpunkte:
P1 Parkplatz & Altes Wasserhaus
32 U 385699 5548006
P2 Bank & Tafel Waldrand
32 U 386136 5547565
P3 Bell-Blick
32 U 386015 5547382
P4 Rastplatz Kräuterwiese
32 U 385438 5546976
P5 Station Hörrohr
32 U 385377 5546868
P6 Rastplatz Familienwald
32 U 385039 5547310
P7 Biotop
32 U 384926 5547372
P8 Panoramablick
32 U 385073 5547620

scan to go®

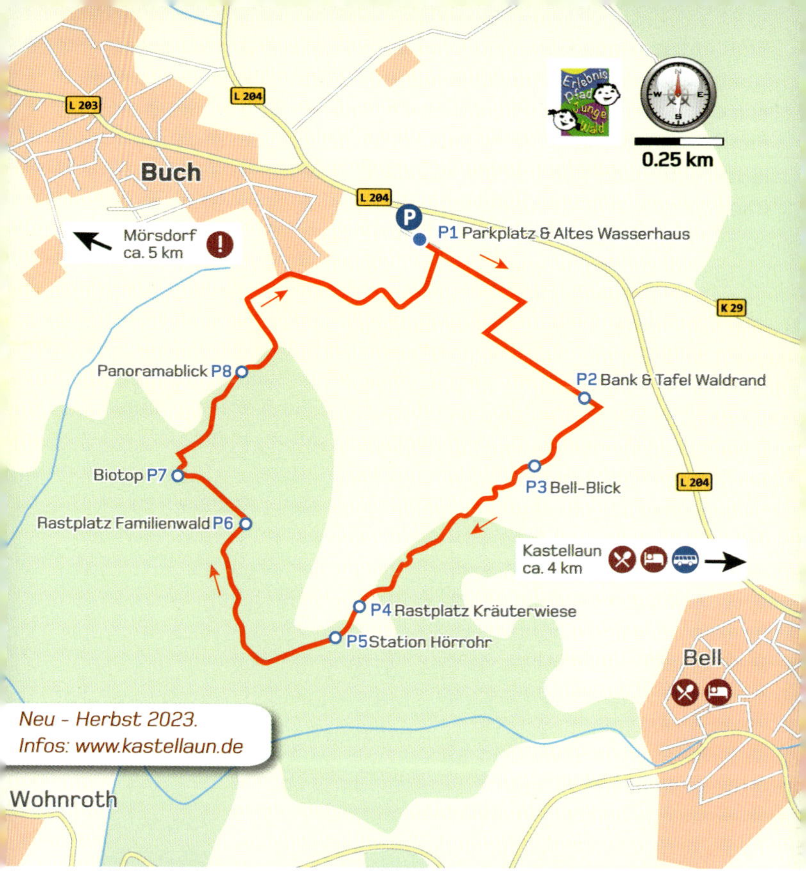
L 203
L 204
Erlebnis Pfad Junge Wald
0.25 km
Buch
L 204
P1 Parkplatz & Altes Wasserhaus
Mörsdorf
ca. 5 km
K 29
P2 Bank & Tafel Waldrand
Panoramablick P8
Biotop P7
P3 Bell-Blick
L 204
Rastplatz Familienwald P6
Kastellaun
ca. 4 km
P4 Rastplatz Kräuterwiese
P5 Station Hörrohr
Bell
Neu - Herbst 2023.
Infos: www.kastellaun.de
Wohnroth

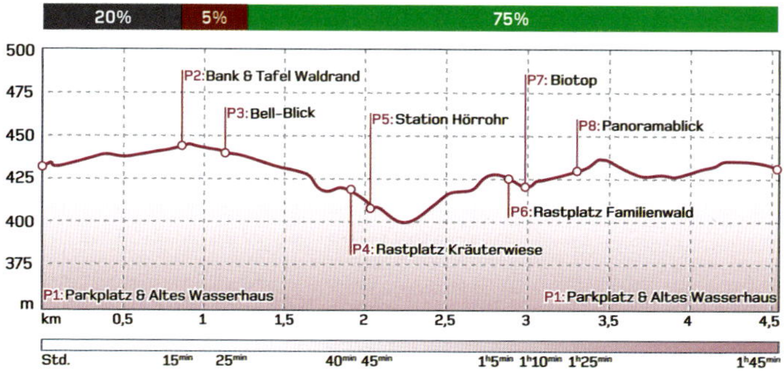
20%
5%
75%
500
475
450
425
400
375
m
P2: Bank & Tafel Waldrand
P3: Bell-Blick
P5: Station Hörrohr
P7: Biotop
P8: Panoramablick
P6: Rastplatz Familienwald
P4: Rastplatz Kräuterwiese
P1: Parkplatz & Altes Wasserhaus
P1: Parkplatz & Altes Wasserhaus
km
0,5
1
1,5
2
2,5
3
3,5
4
4,5
Std.
15min
25min
40min
45min
1h5min
1h10min
1h25min
1h45min

Eine entspannte Entdeckungstour für alle Altersklassen: Nach einem ersten Rundumblick vom Alten Wasserhaus steuern wir den Wald an, wo verwunschene Pfade auf uns warten. Immer wieder bereichern spannende Stationen die Runde und laden lauschige Plätze zum Verweilen ein. Kurzweilig geht es über Familienwald und Biotop zurück zum Sportplatz Buch.

Am Parkplatz beim Sportplatz Buch beginnen wir die Tour auf dem Erlebnispfad Junge Wald. Sogleich sehen wir unweit der Portaltafel den Hügel des Alten Wasserhauses (1), den wir natürlich sofort ansteuern.

Kaum gestartet, erobern wir also schon den ersten „Berg" und genießen von oben einen herrlichen Rundumblick, der an klaren Tagen bis weit in die Eifel reicht. Unübersehbar rückt angesichts der zahlreichen Windräder die Energiewende mit ins Blickfeld, sind doch die Hunsrückhöhen bestens für Stromerzeugung durch Windenergie geeignet. Eine Tafel erläutert uns Details diesbezüglich - und stimmt uns, was den Anblick betrifft, etwas milder.

Eine Rutsche befördert zumindest die jungen Wanderer elegant wieder auf den Weg. Wir wenden uns nach links und stehen wenige Schritte später am ersten Wegweiser der Runde, die hier ihren eigentlichen Anfang nimmt.

Da wir den Erlebnispfad im Uhrzeigersinn erleben wollen, laufen wir an dieser Stelle geradeaus Richtung Wald. Weit können wir den Blick über die offene Flur schweifen lassen und zugleich federnd über den grasigen Feldweg wandern. Doch aufgepasst, als wir auf einen querenden, befestigten Wirtschaftsweg stoßen, müssen wir (von einer Bodenmarkierung geleitet) rechts abbiegen.

Nun senkt sich der Weg unmerklich ab, und unser Blick richtet sich südwärts. Lange bleiben wir aber nicht auf dem harten Belag, denn an einer ersten Infotafel zur Landwirt-

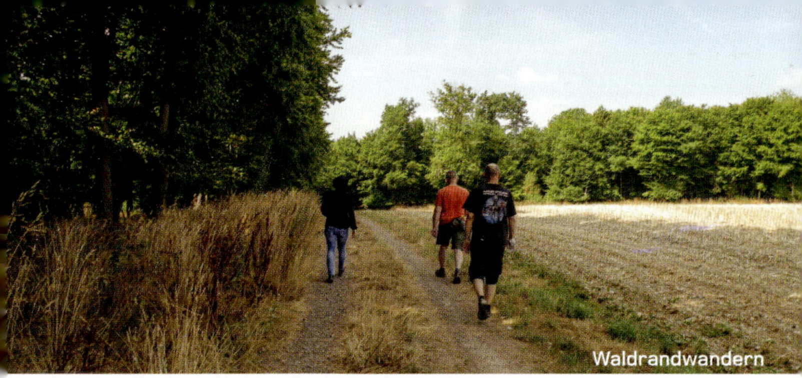

Waldrandwandern

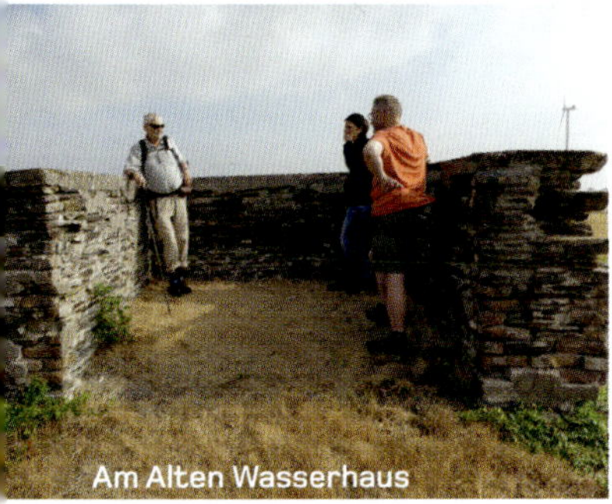

Am Alten Wasserhaus

schaft nutzen wir einen links abzweigenden Grasweg, um nun endgültig Kurs auf den Wald zu nehmen. Im Frühsommer bewegen wir uns nun mitten durch ein wogendes Meer aus reifendem Getreide und erreichen nach **0.9 km** den Waldrand. Hier erwartet uns nicht nur eine Bank **(2)** zur Rast, sondern wir bekommen auch weitere Informationen zum Thema Landwirtschaft.

Kurz behalten wir noch die Richtung bei, bis wir auf einen Weg am Waldrand stoßen und uns rechts halten. Wir freuen uns, nun im Schatten der mächtigen Bäume zu laufen, was an warmen Sommertagen nach der offenen Flurpassage eine echte Wohltat ist. Bei bester Sicht auf die Umgebung verlieren wir ganz leicht an Höhe und erreichen einen asphaltierten Querweg, auf dem ein Radweg verläuft. Wir biegen links ab, freuen uns über die kleine Schutzhütte, die Rastmöglichkeit bietet, und biegen an der Hütte rechts auf einen Waldpfad ab.

Szenenwechsel: Nach offener Flur und lauschigem Waldrand dürfen wir nun also direkt durch das schummrige Grün des Waldes wandern. Kaum haben wir uns an die neue Umgebung gewöhnt, lockt ein Mini-Abstecher an den Waldrand: Dort erwartet uns eine wohlpositionierte Bank mit schönem Blick auf Bell **(3)**.

Danach geht das fröhliche Pfadwandern weiter. Eine Sprunggrube fordert uns zum Wettbewerb, bevor wir dem verschlungenen Pfad durch den vielstufigen Wald folgen. Einen Querweg an einem markanten Steinhaufen kreuzen wir und setzen die Tour geradeaus fort. Noch immer schlängelt sich der Pfad durch den abwechslungsreichen Wald, und ein Klangspiel animiert zur Naturmusik.

Nach **1.4 km** queren wir einen weiteren Wirtschaftsweg, auf dem auch die Bucher Schlosstour verläuft, die uns nun zeitweise Gesellschaft leisten wird. Wir behalten die Richtung bei und tauchen wieder unter den Blattbaldachin ab. Mit einigen Schlenkern erreichen wir schließlich den Waldrand, wo wir links weiterlaufen und uns am freien Weitblick über die Felder erfreuen. Lange währt die Stippvisite am Waldrand jedoch nicht, denn schon 50 m später schicken uns die markanten Logos wieder links zurück in den Wald.

Nach wenigen Metern biegen wir rechts erneut auf einen Pfad ab und genießen den Gegensatz von dünnen Jungbäumchen und mächtigen Baumveteranen. Dann gesellt sich ein Graben als Wegbegleiter zu uns, der je nach Niederschlagsmenge auch Wasser führt.

Nach kurzem Parallelverlauf queren wir den Graben und schwingen uns mit sanfter Steigung die Böschung Richtung Waldrand hinauf. Noch eine kurze Jungwaldpassage, dann wechseln wir zurück in die offene Flur.

Wir wenden uns nach links, passieren eine Wildkräuterwiese mit Insektenhotel und Infotafel und freuen uns, als nach **1.9 km** am Rand der Wiese ein Rastplatz **(4)** zur Pause einlädt.

Mit frischer Energie setzen wir die Wanderung auf dem befestigten Wirtschaftsweg fort. Bald befinden wir uns wieder am Waldrand, genießen den Schatten und verlieren weiter sanft an Höhe. Doch aufgepasst, unvermittelt schicken uns die Logos links in den Wald. Warum? Die Frage ist schnell beantwortet, denn wenige Schritte später stehen wir an der nächsten Erlebnisstation: Ein Hörrohr (5) lässt uns aufhorchen und den Geräuschen des Waldes auf die Spur kommen.

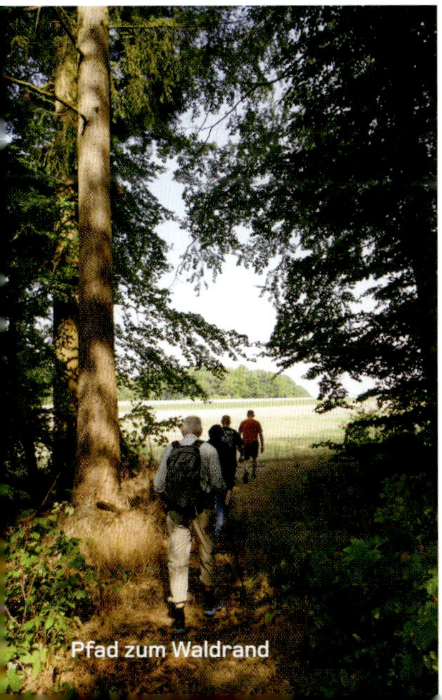

Pfad zum Waldrand

Um eine Erfahrung reicher, laufen wir wieder hoch zum Waldrand und setzen die Passage auf dem bequemen Weg nach links fort. Nach **2.3 km** stehen wir am tiefsten Punkt der Runde und dürfen den breiten Weg verlassen. Ein Wegweiser schickt uns rechts auf einen ansteigenden Pfad. Schritt für Schritt gewinnen wir gemächlich an Höhe.

Bald mischen sich immer mehr Fichten ins Waldbild, und wir atmen tief den harzigen Duft der Bäume ein. Mit einigen Schlenkern geht es bergan, bis wir eine Lichtung erreichen und nicht schlecht staunen: Ein riesiger Holzstuhl lädt zur Pause. Auch eine Taststation sorgt für spannende Kurzweil. Dann stoßen wir auf einen alten Waldweg und folgen ihm zum Rand einer Rodungslichtung, der Klimawandel lässt grüßen ...

Wir biegen links ab und wandern zwischen intaktem Wald und Lichtung zur nächsten Wegkreuzung. Hier empfängt uns nach **2.9 km** der Rastplatz am Familienwald (6). Kleine

Täfelchen an den Bäumen weisen auf die jeweiligen Wegpaten hin. Viele Bucher Familien haben hier „ihren" Baum und tragen so zur Wiederaufforstung bei. Wir laufen geradeaus, und schon gibt es die nächste Attraktion: Links führt uns das Traumschleifchen zu einem kleinen Waldteich (7), der ein wichtiges Refugium für die Waldbewohner darstellt und liebevoll in Szene gesetzt wurde.

Zurück auf dem Hauptweg, passieren wir einen geschützten Ameisenhügel und freuen uns am Gewimmel, bevor wir den nächsten Wegweiser erreichen. Pfadig geht es rechts bergan. Wer mag, kann sich nun seiner Schuhe entledigen und auf dem Barfußpfad direkten Kontakt zu diversen Untergründen aufnehmen.

Durch lichten Buchenwald streben wir weiter aufwärts, bis der Pfad uns unvermittelt an den Waldrand führt. Was für ein Blick: Wir sind begeistert von der Panoramaaussicht (8), die sich vor uns öffnet und sind den Wegmachern sehr dankbar für die Bank, die nach **3.3 km** zum geruhsamen Ausschauhalten bereitsteht.

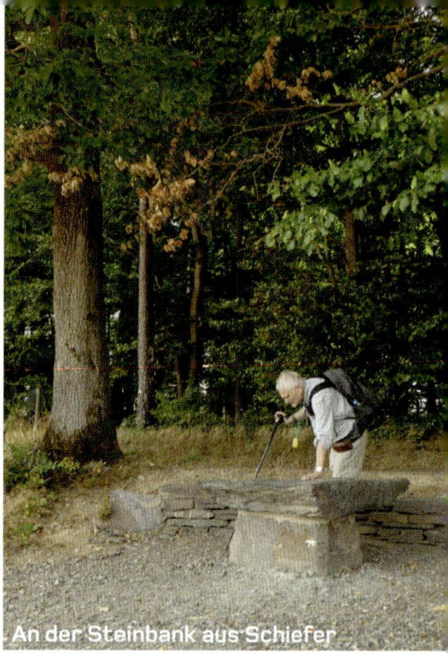
An der Steinbank aus Schiefer

Wir folgen dem Waldrand rechts bergan und dürfen kurz darauf, direkt neben Steintisch und Steinbank, ein letztes Mal rechts in den Wald wechseln. Noch einmal ist Pfadwandern angesagt, und bald laufen wir durch das Territorium des Kindergartens: Die Kinder haben hier ein „Waldnest" und urige Sitzmöglichkeiten, auch ein Holzpilz und Asthütten ge-

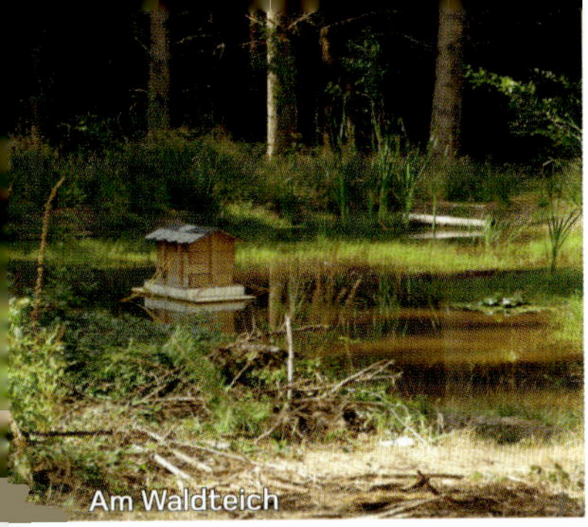

Am Waldteich

hören zur Ausstattung. Wir folgen dem Pfad mit einigen Schlenkern sanft bergan, bis wir nach **3.6 km** den Wald endgültig verlassen und links auf einen Feldweg abbiegen.

Er führt uns zu einer nahen Kreuzung, wo wir rechts auf Asphalt zum nahen Ortsrand laufen. Dort angelangt, weisen die Logos nach halb rechts. Doch aufgepasst: Wir nutzen nicht den breiten Grasweg, sondern steuern auf die von Pfählen umfasste Wiesenfläche zu. Wir queren den kleinen Graben und laufen dann über die Wiese nach rechts. Neben neu gepflanzten Bäumen erwartet uns eine letzte Herausforderung: Balancierstämme laden zum Testen des Gleichgewichts ein. Kurz darauf stößt unser Weg auf den Radweg. Wir queren den Radweg und biegen noch einmal nach rechts ab, bevor wir am Rand eines Feldes ein letztes Mal nach links abbiegen.

Wir passieren das Spielfeld und stehen nach **4.4 km** wieder am Wegweiser beim Alten Wasserhaus (1). Nun sind es nur noch knapp 100 m, bis unsere kurzweilige Runde auf dem Traumschleifchen am Parkplatz zu Ende geht.

FAZIT

Der Weg verlangt normale Kondition. Aufgrund des hohen Naturweganteils sind aber feste Wanderschuhe zu jeder Jahreszeit empfehlenswert.

Schlüsselstellen: Es gibt keine besonders herausfordernden Passagen.

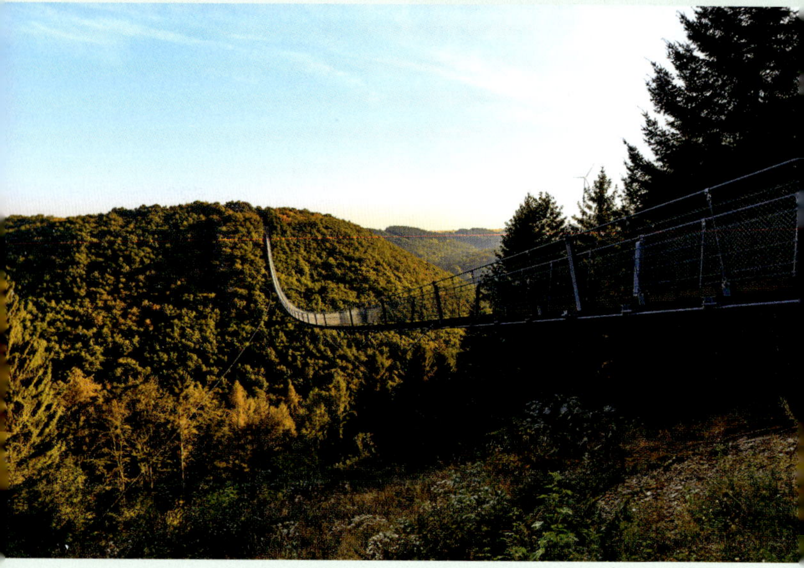

Luftiges Abenteuer im Hunsrück

Seit Herbst 2015 spannt sich über dem idyllischen Mörsdorfer Bachtal die längste Hängeseilbrücke Deutschlands. Das 360 m lange und über 80 m hohe filigrane Bauwerk bietet Nervenkitzel auf höchstem Niveau, denn die Brücke kommt trotz perfekter Seilsicherungen je nach Besucherandrang und Windstärke spürbar ins Schwingen. Eine Überquerung ist also nichts für schwache Nerven. Wer möchte, kann das luftige Abenteuer mit einer kleinen (aber anspruchsvollen) Rundwanderung verbinden, die hinab zum Tal und über einen Abschnitt des Saar-Hunsrück-Steiges läuft, bevor es wieder nach Mörsdorf geht. Man sollte unbedingt feste Wanderstiefel tragen und trittsicher sein. Die „Geierlay-Schleife" ist insgesamt ca. 8 km lang und überwindet 240 Höhenmeter. Wer nur die Brücke erleben will, kommt vom Besucherzentrum in Mörsdorf über einen bequemen 1.7 km langen Zuweg zum Mörsdorfer Brückenkopf.
www.hunsruecktouristik.de

Tourist-Info Kastellaun, Marktplatz 13, 56288 Kastellaun, ✆ 06762/401698, www.kastellaun.de

Beller Bahnhof, Am Bahnhof 2, 56288 Bell, ✆ 06762/7222, Mo. Ruhetag
- Landgasthof Altes Stadttor, Marktstr. 4a, 56288 Kastellaun, ✆ 06762/93130, Mo. Ruhetag, www.altesstadttor.de
- Café Maull, Marktstraße 4, 56288 Kastellaun, ✆ 0174/3195342, Variable Öffnungszeiten!

BurgStadt-Hotel, Südstraße 34, 56288 Kastellaun, ✆ 06762/40800, www.burgstadt.de
- Pension Gaß mit Restaurant, Bachgasse 1, 56288 Bell, ✆ 06762/6548, Do. Ruhetag

Wohnmobilstellplatz Kastellaun, Stadthalle Tivoli, Zeller Straße 24, 56288 Kastellaun, keine Ver- & Entsorgungsmöglichkeit
- Burgstadt Campingpark, Südstraße 34, 56288 Kastellaun, www.burgstadt-campingpark.de ✆ 06762/40800
- Wohnmobilstellplatz Mörsdorf, Parkplatz P2, mit Ver- und Entsporgung, www.geierlay.de

Kastellaun erreicht man von Simmern oder Koblenz mit der Buslinie 620. Von dort verkehrt unter der Woche (sporadisch) Buslinie 630 nach Buch. www.vrminfo.de

Burgstadt Taxi, ✆ 06762/1850, www.burgstadt-taxi.de
- Taxi Wolf, ✆ 06762/8923, www.city-taxi-wolf.de

Hunde können den Weg problemlos absolvieren. Sie sollten allerdings an der Leine geführt werden. Es gibt unterwegs keinen Zugang zu Wasser.

Premium-Wanderwege in der Nähe:
- Traumschleife Masdascher Burgherrenweg, Mastershausen, Länge: **13.9 km**
- Traumschleife Burgstadtpfad, Kastellaun, Länge: **6.8 km**
- Traumschleife Dünnbachpfad, Zilshausen, Länge: **10.8 km**

6 Burgstadtpfad

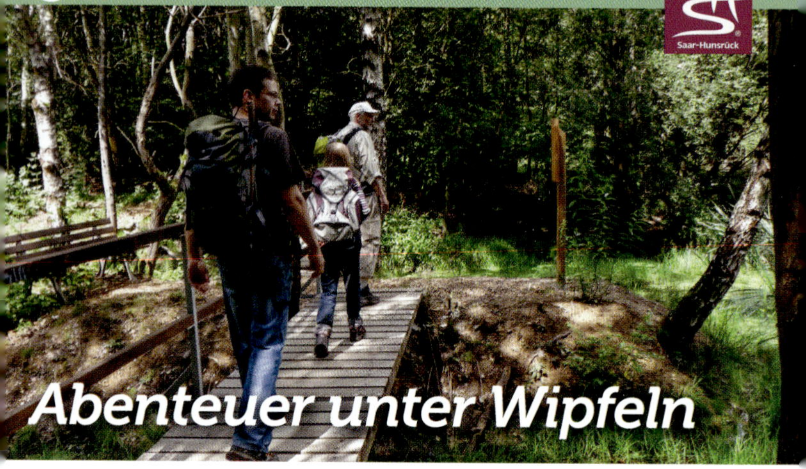

6.8 + 0.2	2h 30min	92	488	475 543	SWP1X6X7
km	Dauer	↑ ↓	▲	♀ ♂	Download

Start/Ziel: Parkplatz BurgStadt-Hotel, Südstraße Kastellaun

Anfahrt: Kastellaun erreicht man über die Hunsrückhöhenstr. (B 327).

Parken: Parkplatz BurgStadt-Hotel:
N50° 04' 06.4'' • E7° 27' 10.5''
Parkplatz Haus FUNtasie
N50° 04' 03.4'' • E7° 27' 05.5''
Parkplatz Mönchstraße
N50° 03' 33.7'' • E7° 27' 05.2''

scan to go®

Besondere Empfehlung für einen Ausflug mit Kindern

Wegpunkte:

P1 Portal Traumschleife
32 U 389278 5547156

P2 Grünes Klassenzimmer
32 U 388965 5546539

P3 Jüdischer Friedhof
32 U 388732 5546480

P4 Soonwaldblick
32 U 389920 5546023

P5 Seerosenteich
32 U 390933 5546212

P6 Waldspielplatz
32 U 390229 5546589

P7 Beginn Klimawandellehrpfad
32 U 389415 5546920

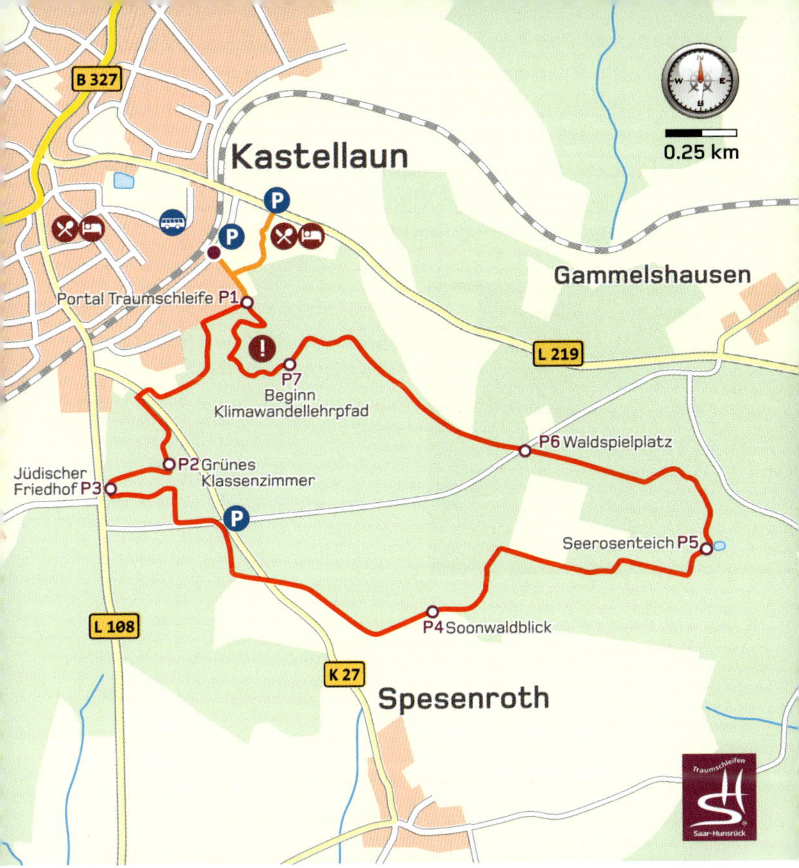
B 327
Kastellaun
0.25 km
Gammelshausen
Portal Traumschleife P1
L 219
P7
Beginn
Klimawandellehrpfad
P6 Waldspielplatz
Jüdischer
Friedhof P3
P2 Grünes
Klassenzimmer
Seerosenteich P5
L 108
P4 Soonwaldblick
K 27
Spesenroth
Traumschleifen
Saar-Hunsrück

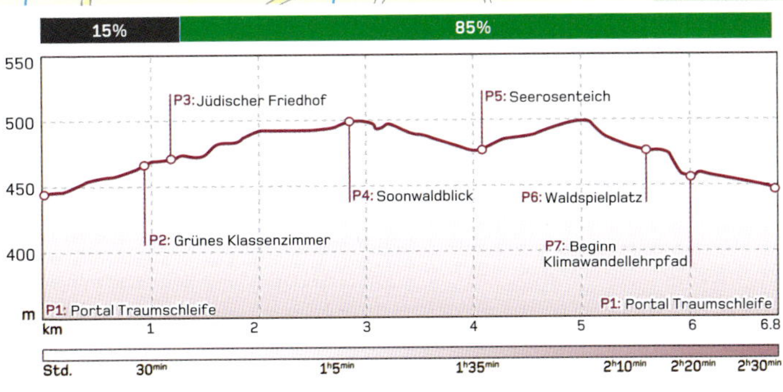
15%
85%
550
500
450
400
m
P3: Jüdischer Friedhof
P5: Seerosenteich
P4: Soonwaldblick
P6: Waldspielplatz
P2: Grünes Klassenzimmer
P7: Beginn
Klimawandellehrpfad
P1: Portal Traumschleife
P1: Portal Traumschleife
km
1
2
3
4
5
6
6.8
Std.
30min
1h5min
1h35min
2h10min
2h20min
2h30min

Kurz – aber oho! Das beschreibt trefflich, welches Potenzial der Burgstadt-Pfad besonders für Familien bereithält. Auf knapp 7 Kilometern ohne wesentliche Höhenunterschiede erwarten uns im vielstufigen Wald überraschende Stationen und idyllische Plätze. Vom Soonwaldblick über den Seerosenteich bis hin zum beeindruckenden Klimawandellehrpfad bietet der Burgstadt-Pfad Wanderspaß auf höchstem Niveau.

Zwar handelt es sich beim Burgstadt-Pfad nicht um einen Premiumspazierwanderweg, sondern um einen Premiumwanderweg, da er aber von der Länge und den Höhenmetern sehr moderat ist, haben wir ihn in dieses Buch aufgenommen.

!

Je nachdem wo man startet, nutzt man entweder vom BurgStadt-Hotel oder vom Haus FUNtasie (das ist der zentrale Punkt des „Waldabenteuers Kastellaun" mit Barfußpfad und Kletterpark) einen der gelb markierten Zuwege zum Portal der Traumschleife am Waldrand.

Nach 250 m steht man am schön gestalteten Portal (1), das stilecht mit der Burgsilhouette der Stadt Kastellaun grüßt. In kleinerem Maßstab werden solche Holztafeln entlang des Weges immer wieder auf besonders interessante Punkte hinweisen.

Wir wenden uns rechts auf einen Pfad, der uns in Sichtweite zu den Wiesen und Weiden am Waldrand entlangführt. Ein schmaler Holzsteg hilft uns über einen kleinen Bach, und kurz umfängt uns erstmals die herrliche Waldkulisse, die den Burgstadt-Pfad immer wieder auszeichnet.

Doch dieser erste Aufenthalt unter den Wipfeln währt nicht lange, denn schon öffnet sich das Blattwerk, und wir laufen am Rand des Biomassekraftwerks entlang.

Nach **600 m** erreichen wir die Verbindungsstraße nach Spesenroth, die wir schnurstracks queren. Im Wald wenden wir uns nach wenigen

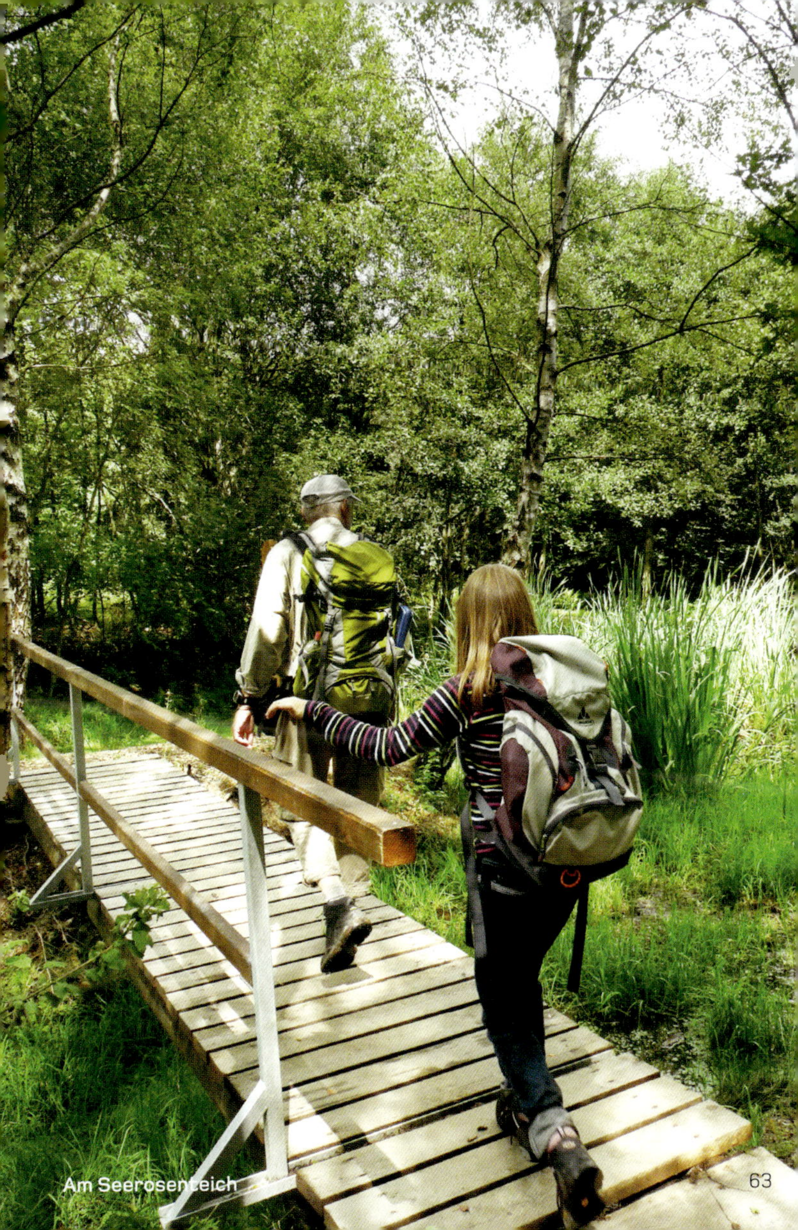

Am Seerosenteich

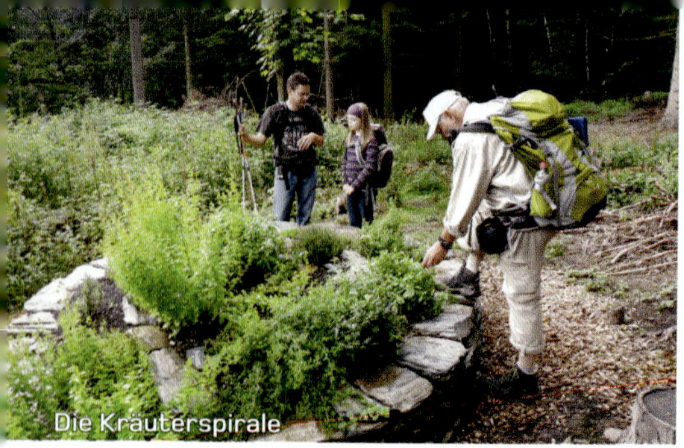

Die Kräuterspirale

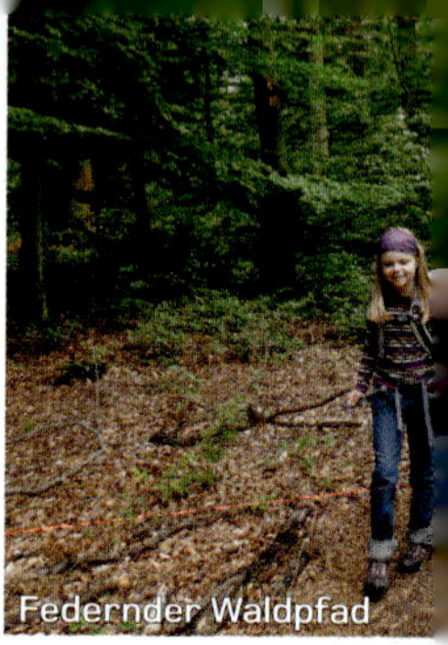

Federnder Waldpfad

Schritten links auf einen Pfad, der uns durch den vielstufigen Pfingstwald führt. Hochgewachsene Buchen breiten ihre Kronen über dem Nachwuchs aus und spenden Schatten, doch bleibt genug Licht für das Unterholz. Nach idyllischer Passage trifft unser Weg auf einen breiteren Waldweg, dem wir nach links folgen. Und dann wird es so richtig spannend …

Nach **0.9 km** geben uns mehrere mit Klappen versehene Baumstämme Einblick ins Innere der Bäume. Die Unterschiede zwischen Lärche, Buche, Eiche und Co sind deutlich erkennbar. Einige Schritte nach dem letzten „Klappenbaum“ knickt der Burgstadt-Pfad am Grünen Klassenzimmer **(2)** scharf rechts auf einen Pfad ab.

Nun folgen wir der Traumschleife auf weichem Pfad durch den herrlichen Laubwald. Nach **1.2 km** treffen wir kurz vor einer Straße am Jüdischen Friedhof **(3)** ein und biegen scharf links ab. Die nächste Wendung nach links bringt uns wieder weg von der Straße und tiefer in den Wald. Wenige Schritte später statten wir mit einem Schlenker dem Quellgebiet des Trimmbachs einen Besuch ab.

Danach passieren wir einen himmelhohen, beeindruckenden Mammutbaum, der dem heimischen Wald eine exotische Note verleiht. Kurz darauf endet der Pfad, und wir biegen links auf einen breiten Forstweg ab. Bald macht uns eine Tafel darauf aufmerksam, dass wir auf historischem

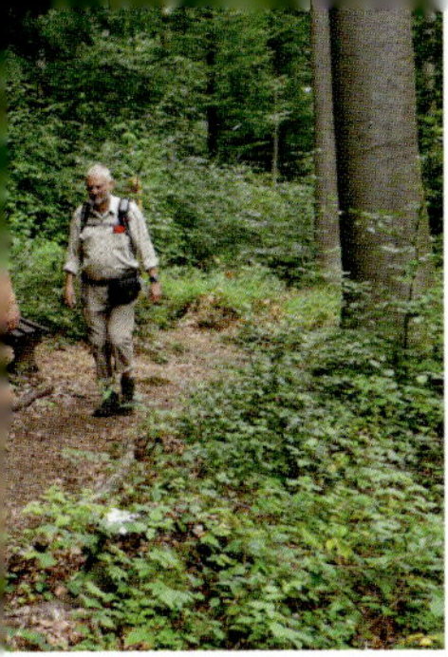

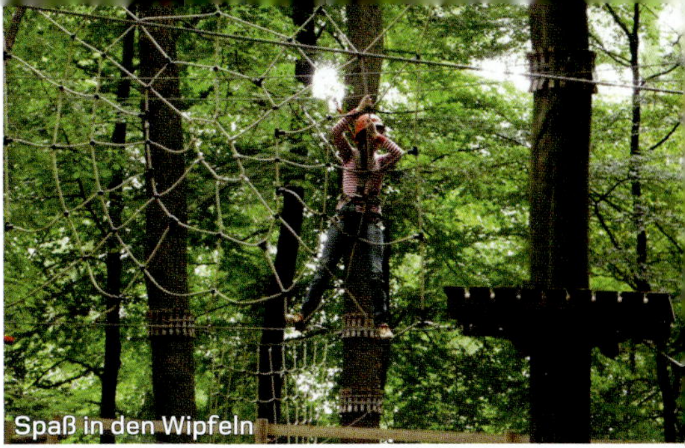

Spaß in den Wipfeln

Grund unterwegs sind, denn hier verlief einst eine wichtige Römerstraße.

Im weiteren Verlauf bringt uns die Traumschleife zum Wanderparkplatz Mönchstraße, wo wir scharf nach rechts abbiegen. Auf federndem Grund genießen wir in vollen Zügen die Waldpassage, bis wir nach **2 km** den Waldrand erreichen. Nun wandern wir zwischen Wald und Feldern nach links, der Ausblick über den Hunsrück wird dabei immer besser.

Nachdem wir die Straße nach Spesenroth noch einmal überwunden haben, passieren wir eine Bank, die am Wegesrand zur Pause einlädt. 200 m später treffen wir bei **Kilometer 2.9** am Soonwaldblick (4) ein, wo eine große Sinnesbank bereitsteht, um das überwältigende Panorama in vollen Zügen auskosten zu können. Bei klarem Wetter hat man von hier nicht nur den Soonwaldkamm und Kirchberg im Blick, sondern sogar den Idarkopf in der Ferne.

Was folgt, ist die Rückkehr in den Wald, der uns im Weiteren durch tolle Passagen von Hochwald, Jungwald und sogar Erlenbruchwald begeistert. Abwechslung ist hier wirklich reichlich geboten, und auch der Weg selbst verläuft kurzweilig, mal auf breiter, mal auf enger Route.

Dank hervorragender Markierung sind auch die Richtungswechsel problemlos, und so treffen wir bei bester Laune nach **4 km** an der nächsten

Wegstation ein, der Picknickwiese am Seerosenteich **(5)**. Rastplätze stehen zum Picknick in idyllischer Umgebung bereit, und vom nahen Teich kann im Sommer schon mal ein Froschkonzert für musikalische Unterhaltung sorgen.

Doch es sind die tollen Seerosen und Schwertlilien, die mit ihren Blüten im Frühsommer Farbakzente setzen und begeistern. Über zwei Brücken passieren wir trockenen Fußes das Wasser und tauchen nach kurzer Passage auf einem breiten Forstweg links in einen echten Zauberwald ab.

Dicht hüllen Jungbäume den Weg ein, und in schummriggrüner Atmosphäre fühlen wir uns ein wenig wie im Märchen. Tatsächlich würden wir uns kaum wundern, wenn plötzlich feenhafte Zauberwesen unseren Weg kreuzen würden …

Dann liegt der Zauberwald hinter uns, der Pfad endet, und wir folgen einem breiten Forstweg nach rechts. Nach **5 km** erreichen wir an einer großen Wegkreuzung den Waldspielplatz **(6)**, der besonders junge Wanderer zu einer Unterbrechung der Tour animiert. Anschließend setzen wir die Wanderung auf schmalem Weg fort. Rechter Hand erheben sich eigentümliche Wälle, und bald schwenkt der Burgstadt-Pfad nach rechts und führt uns nun zwischen den Wällen abwärts. Wir befinden uns hier im Landreitgraben, wie eine hilfreiche Tafel erläutert.

An einer Kreuzung verlassen wir den Graben und folgen einem normalen Waldweg zur nächsten Sinnesbank, die am Rand des Waldabenteuerparks bereitsteht. Von hier können wir die wagemutigen Kletterer im Hochseilpark ganz entspannt beobachten.

Wir queren ein Bächlein und passieren nach **6.1 km** mitten im Wald eine liebevoll angelegte Kräuterspirale. Nur 100 m später treffen wir auf einen breiten Forstweg. Hier befindet sich der Eingang zum Klimawandellehrpfad **(7)**, dem wir nun folgen wollen. Wer abkürzen möchte, kann an dieser Stelle auch gleich rechts abbiegen und trifft nach etwa 150 m wieder auf die Traumschleife.

Doch wir wollen hautnah erleben, wie sich der Klimawandel auf unseren heimischen Wald auswirkt. Der Klimawandel lehrpfad führt durch das Gebiet des ehemaligen Kyrillpfades, der nach dem verheerenden Sturm im Januar 2007 durch die verwüstete Fläche angelegt wurde.

Mittlerweile hat die Natur diese Wunden geheilt, und überall strebt junges Grün der Sonne entgegen. Daher wurden die Stege des Kyrillpfades 2023 zurückgebaut. Auf dem neuen Klimawandellehrpfad kann man direkt in der Natur nachvollziehen, wie sich das veränderte Klima auswirkt und der Wald auf die Veränderungen reagiert. Am Ende sehen wir den Wald in einem neuen Licht und werden sicherlich auch zukünftig mit geschärftem Blick auf Wanderschaft durch den Wald gehen.

Als der Pfad endet, biegen wir rechts auf einen Forstweg ab. Es dauert nicht lange, dann knickt der Burgstadt-Pfad in spitzem Winkel links ab, passiert den Barfußpfad und führt uns nach **6.8 km** wieder zum Portal (1), wo diese spannende und erlebnisreiche Tour zu Ende geht. Über die Zuwege gelangt man zurück zum Parkplatz oder zum Bus.

FAZIT

Der Weg verlangt normale Kondition und keine besonderen Fähigkeiten. Aufgrund des sehr hohen Naturweg- und Pfadanteils sollte man allerdings geeignete Wanderschuhe tragen.

Schlüsselstellen: Es gibt keine besonders herausfordernden Passagen. Nach Regen oder im Winter können einige Abschnitte aufgeweicht oder rutschig sein.

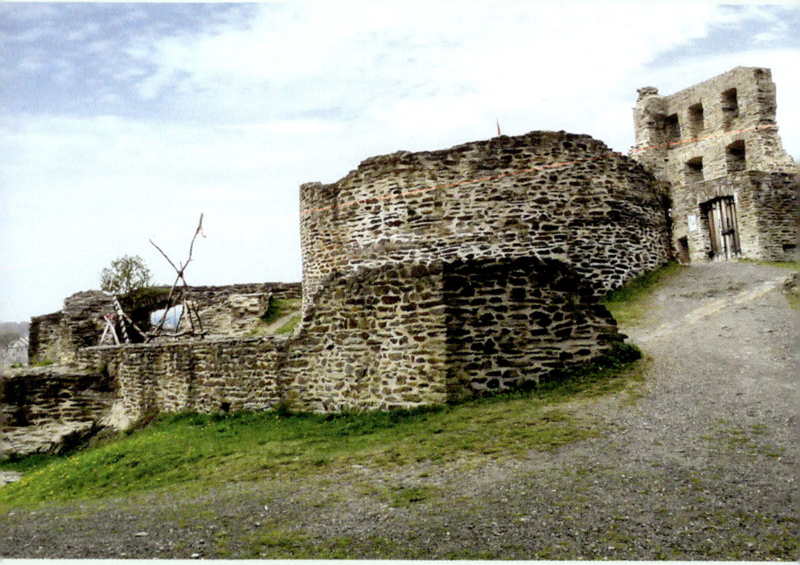

Kastellauns Wächterin

Bereits im frühen 13. Jhd. wird die Burg und damit auch der Ort Kastellaun in Urkunden erstmals erwähnt. Im Pfälzischen Erbfolgekrieg kam es 1689 zur Zerstörung der Kastellauner Burg. Im 18. Jahrhundert fiel Kastellaun nebst Burgruine unter französische Herrschaft, die bis 1815 andauerte. Anschließend war Kastellaun Teil der preußischen Rheinprovinz. 1884 erwarb die Stadt die Burgruine und führte eine erste Restaurierung durch. Ende des 20. Jahrhunderts wurde noch einmal kräftig renoviert. Heute wird die Burg für diverse Veranstaltungen genutzt, auch ein intensives Kinderprogramm findet regelmäßig statt. In der Unterburg befindet sich auch das „Haus der regionalen Geschichte Kastellaun", in dem auf 4 Etagen eine ansprechende und kurzweilige Ausstellung untergebracht ist.

Tourist-Information Kastellaun Marktstraße 16, 56288 Kastellaun
✆ 06762/401873 oder 401698 🖰 www.stadt-kastellaun.de

Projektbüro Saar-Hunsrück-Steig, Zum Stausee 198, 66679 Losheim am See
www.saar-hunsrueck-steig.de
06872/9018100
▪ Tourist-Info Kastellaun, Marktstraße 16, 56288 Kastellaun
06762/401698
www.kastellaun.com

Eiscafé Rivera, am Parkplatz Schinderhannes-Radweg, 56288 Kastellaun
06762/409140 Mo. Ruhetag
▪ Futterkrippe, Südstraße 26, 56288 Kastellaun
06762/408810
▪ BurgStadt Esszimmer, Südstraße 34, 56288 Kastellaun
06762/4080180

BurgStadt-Hotel, Südstraße 34, 56288 Kastellaun 06762/40800
www.burgstadt.de
▪ Landgasthof-Hotel Altes Stadttor, Marktstr. 4 a, 56288 Kastellaun 06762/93139
www.altesstadttor.de
▪ Hotel Badische Kellerey, Schloßstr. 19, 56288 Kastellaun
www.badische-kellerey.de
06762/40190

Wohnmobilstellplatz Kastellaun, Zeller Straße 24, 56288 Kastellaun, keine Ver- & Entsorgungsmöglichkeit
▪ Burgstadt Campingpark, Südstraße 34, 56288 Kastellaun,
www.burgstadt-campingpark.de
06762/40800,
▪ Wohnmobilstellplatz Mörsdorf, Parkplatz P2, mit Ver- und Entsorgung, www.geierlay.de

Von Simmern oder Koblenz Buslinie 620 nach Kastellaun. Infos: www.vrminfo.de

Burgstadt Taxi,
06762/1850

Vierbeiner können den Weg problemlos laufen. Zugang zum Wasser am Seerosenteich.

Premium-Wanderwege in der Nähe:
▪ Traumschleife Masdascher Burgherrenweg, Mastershausen, Länge: **13.9 km**
▪ Traumschleife Dünnbachpfad, Zilshausen, **Länge: 10.8 km**
▪ Saar-Hunsrück-Steig, **Länge: 406 km**, Perl bis Boppard

7 Spitzer Stein

Traumschleifchen Saar-Hunsrück

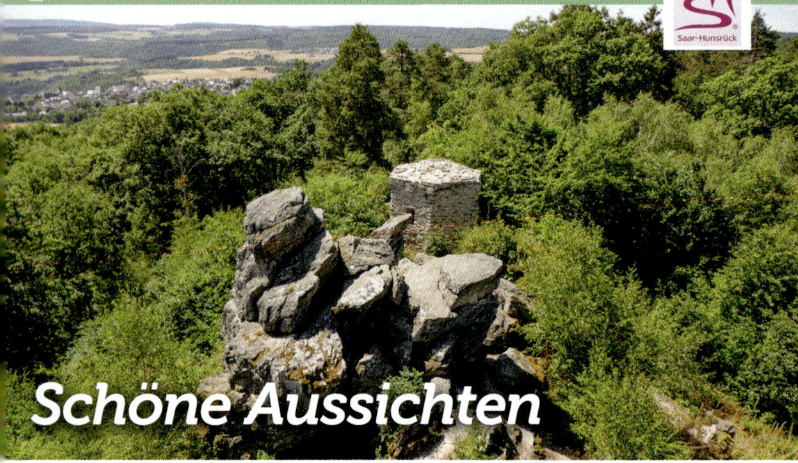

Schöne Aussichten

6.7	2h 30min	262	426	547 642	
km		↑ ↓		♀ ♂	SWP1X7X6

Start/Ziel: Parkplatz Spitzer Stein an K 97 (Nähe Biebernheim)

Parken: Spitzer Stein an der K 97
N50° 07' 48.2'' • E7° 41' 33.1''

Anfahrt: A 61 bis Pfalzfeld, K 100 Richtung St. Goar. Im Wald rechts auf K 93 nach Niedernburg, dann links auf die K 97 (Urbar) bis zum Parkplatz. Alternativ: B 9 nach St. Goar, dann K 100 Richtung Biebernheim, im Wald auf K 97 (Beschilderung „Spitzer Stein“).

Wegpunkte:

P1 Parkplatz an K 97
32 U 406552 5553910

P2 Turm am Spitzen Stein
32 U 406724 5553757

P3 Thiergartenhütte
32 U 407211 5554259

P4 Krähenhütte
32 U 407884 5555185

P5 Biebernheim Ortsmitte
32 U 407718 5555769

P6 Aussicht Gräfl. Thiergarten
32 U 406735 5554329

scan to go®

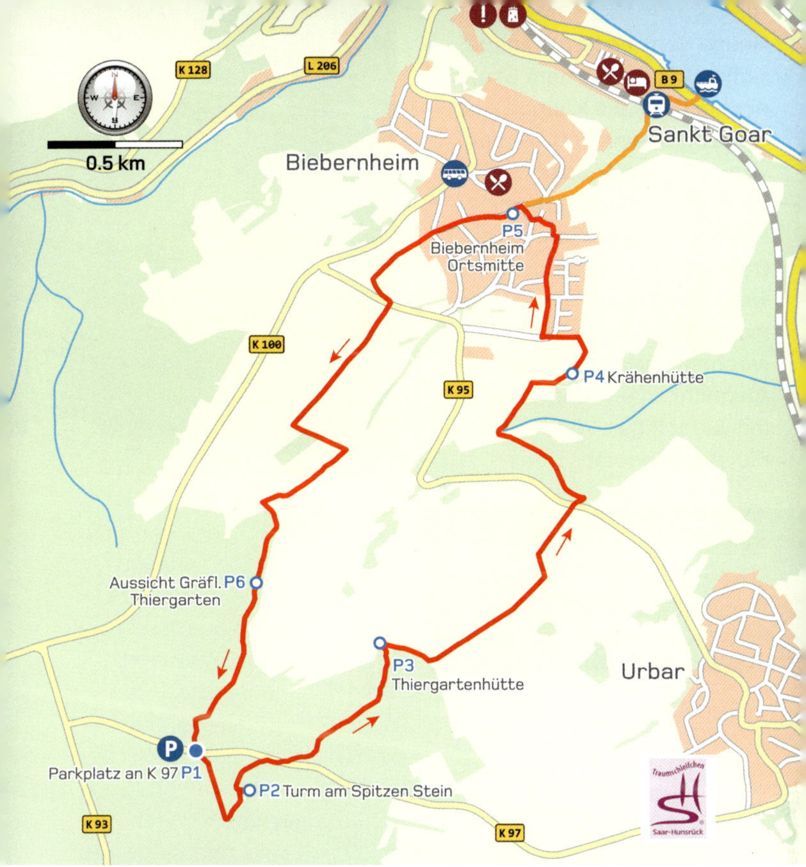
K 128
L 206
0.5 km
B 9
Sankt Goar
Biebernheim
P5
Biebernheim Ortsmitte
K 100
K 95
P4 Krähenhütte
Aussicht Gräfl. P6 Thiergarten
P3 Thiergartenhütte
Urbar
P
Parkplatz an K 97 P1
P2 Turm am Spitzen Stein
K 93
K 97
Traumschleifchen
Saar-Hunsrück

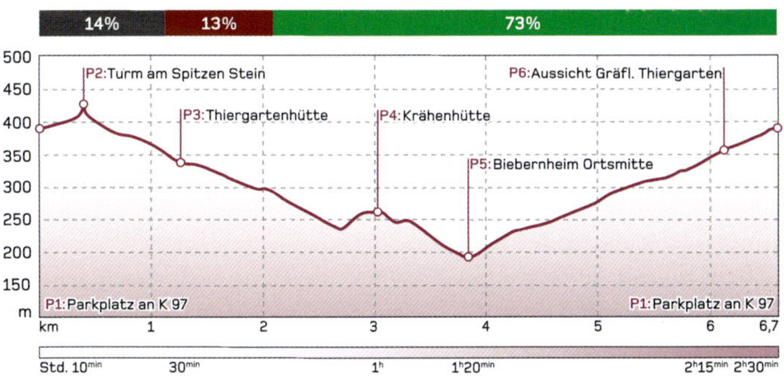
14%
13%
73%
500
450
400
350
300
250
200
150
m
P2:Turm am Spitzen Stein
P3:Thiergartenhütte
P4:Krähenhütte
P5:Biebernheim Ortsmitte
P6:Aussicht Gräfl. Thiergarten
P1:Parkplatz an K 97
P1:Parkplatz an K 97
km
1
2
3
4
5
6
6,7
Std. 10min
30min
1h
1h20min
2h15min 2h30min

Heute geht es hoch hinaus: Schon kurz nach dem Start erobern wir die Klippen des Spitzen Steins und können vom luftigen Aussichtsturm ein fantastisches Panorama genießen. Das gelingt aber auch im weiteren Verlauf immer wieder, denn stetig wechseln sich grandiose Aussichten auf der Tour mit lauschigen Wald- und Flurpassagen ab.

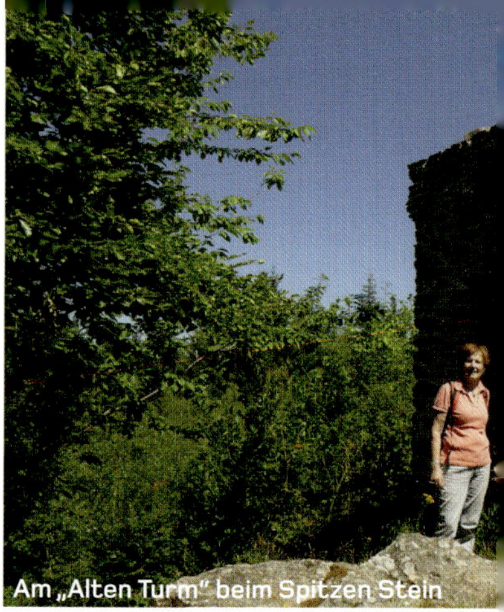

Am „Alten Turm" beim Spitzen Stein

Für den Zuweg ab/bis Bahnhof St. Goar muss man 2 x 750 m Wegstrecke und jeweils zusätzlich 110 Höhenmeter einkalkulieren. !

Am Parkplatz an der K 97 (1) starten wir mitten im Wald die Entdeckertour auf dem Traumschleifchen Spitzer Stein, bei der uns streckenweise die Traumschleife Mittelrhein begleiten wird. Wir wandern im Gegenuhrzeigersinn und queren daher vorsichtig die Straße. Vorbei an der Bushaltestelle folgen wir einem Forstweg links in den Wald. Nach wenigen Schritte dürfen wir rechts auf einen Waldweg wechseln, der sich zum herrlichen Pfad mausert. Wurzeln laufen quer, und eine tolle Mischung aus Nadel- und Laubbäumen sowie üppige Heidelbeerbüsche sorgen für nordisches Flair. So merken wir kaum, dass wir erste Höhenmeter gutmachen. An einem Querweg wenden wir uns nach links und setzen zur Eroberung des Spitzen Steins an. Wir erklimmen die Kuppe und stehen nach **360 m** an den ersten Felsen und dem ursprünglichen, niedrig gemauerten Turm.

Über die Büsche hinweg sehen wir rechts den neuen

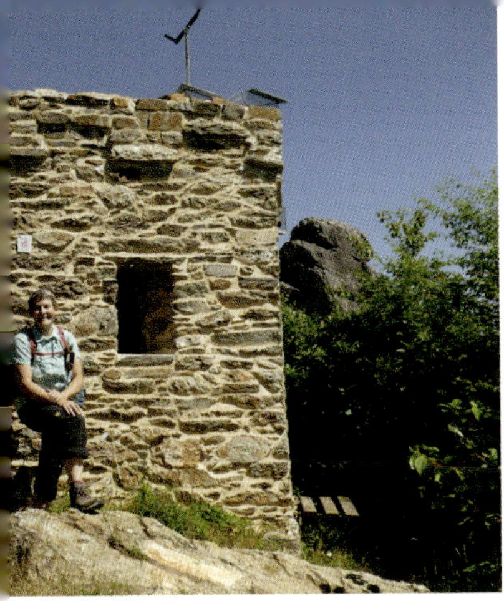

Aussichtsturm aufragen. Da wollen wir rauf! Wir umrunden den Felsen und biegen rechts auf die Lichtung beim Turm ab. Rast in der Hütte oder am Rastplatz oder doch lieber den Turm erobern (2)?

Wir entscheiden uns für Höhenluft und steigen hinauf zur Panoramaplattform, wo wir den Blick über Hunsrück und Mittelrheintal schweifen lassen, dabei markante Burgen und Vater Rhein erkennen. Tafeln erläutern die optische Telegrafie, ein Signalsystem, das über verstellbare Balken bis zu 196 Zeichen übermitteln konnte.

Beeindruckt verlassen wir den Turm und folgen dem Traumschleifchen halb links zum nächsten Wegweiser. Dort biegen wir rechts auf einen Pfad in dichtes Unterholz ab. Der Wald wandelt sich bald zum hochgewachsenen Laubmischwald, und mit einer Rechtskurve nähern wir uns leicht abwärts der K 97.

Nach **0.7 km** queren wir sie aufmerksam und nutzen auf der anderen Seite rechts einen tollen Pfad. Federnd wandern wir über den Nadelteppich und atmen tief die würzige Luft der Nadelbäume ein. Bald dominieren aber wieder Eichen und Buchen, und an einem breiten, leicht befestigten Weg wenden wir uns nach halb rechts. Bei km 14 der begleitenden Traumschleife treffen wir auf einen Querweg, biegen links ab und wandern unter erhabenen Buchen sanft hinab zum Waldrand. Dort lädt uns nach **1.3 km** die Thiergartenhütte (3) zur Pause ein, und wir genießen den traumhaften Blick zum Rhein vom Rastplatz oder der Sinnesbank aus.

Nach kurzer Rast setzen wir die aussichtsreiche Wanderung entlang des Waldrands fort. Weit schweift der Blick über wogende Felder. Noch besser wird die Aussicht nach einer Linkskurve: Nun ist das Loreleyplateau im Fokus. Beim kurzweiligen Abstieg lassen wir querende Wege unbeachtet und biegen erst nach deutlichem Höhenverlust an einem Markierungspfosten links ab.

An der folgenden Kreuzung ist Aufmerksamkeit gefragt: Mitten im Feld gilt es ohne Hinweis rechts abzubiegen und Richtung Rheintal zu laufen. Nach **2.2 km** erreichen wir die K 95, queren sie vorsichtig und nutzen einen halb rechts absteigenden Weg, der uns zu einer Bank und einer scharfen Linkskurve bringt.

Durch artenreiche Gehölze nähern wir uns dem Seelenbachtal. Als wir das Tal mit einer Rechtskurve queren, ist vom Wasser nichts auszumachen, aber eine Tafel informiert uns über die Fischzucht-Weiher, die hier im 15. Jahrhundert durch Stauung des Seelenbachs angelegt waren.

Wir queren den Talgrund und folgen dem von Hecken gesäumten Weg leicht bergan. Vorbei an Querwegen und einer Bank erreichen wir nach **2.9 km** die Kuppe und biegen rechts auf einen befestigten Weg ab. Wir sind begeistert vom weiten Panorama, das sich Richtung Rheintal öffnet. An der nächsten Gabelung wenden wir uns nach links und laufen zur nahen Krähenhütte **(4)**, neben der die übergroße Figur des „Quetschehannes" über den Rastplatz und die Sinnesbank wacht. Wir sind dankbar für die tolle Rastgelegenheit und schwelgen in der herrlichen Aussicht.

Beim Abstieg nach Biebernheim begleitet uns weiter der berauschende Ausblick, in dessen Fokus nun Burg Katz liegt. Am Ortsrand biegen wir links ab und treffen kurz darauf auf eine Anliegerstraße: Nur 20 m geht es geradeaus, dann wenden wir uns scharf nach rechts und dürfen auf dem grasigen Weg neben den ersten Häusern langsam in den Ort hinunter wandern. Erst kurz vor dem Ortskern endet das Gras und beginnt der Asphalt. Als die Straße „In der Hohl" endet, wenden wir uns erst nach links, gleich aber wieder nach rechts und wandern durch die Dorfstraße mit leichter Linkskurve zur Kirche. Hier biegen wir rechts ab und treffen nach **3.9 km** in der Ortsmitte Biebernheim (5) ein.

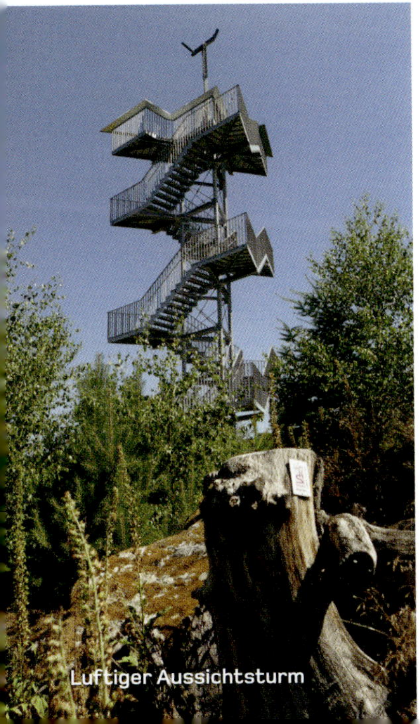

Luftiger Aussichtsturm

> **!** Wer nach St. Goar absteigen möchte, biegt hier rechts ab.

Das Traumschleifchen führt links durch „An der Bach" am schön gestalteten Sitzplatz mit Brunnen und „Quetschehannes-Denkmal" vorbei bergan. Zügig kommen wir zum Ortsrand und freuen uns, als es geradeaus auf herrlichem Wiesenweg weitergeht. Der Höhengewinn ist gemächlich und so bleibt genug Muße, den Blick umherschweifen zu lassen und die offene Weite der Wiesen und Felder zu genießen.

An einer Baumgruppe schicken uns die Logos nach links, und kurz darauf stoßen wir an einem Wirtschaftsweg auf die K 95. Kaum haben wir die Straße aufmerksam gequert, dürfen wir den Aufstieg auf herrlich federndem Grasweg fortsetzen. Schritt für Schritt erobern wir die Höhe und passieren an einem alten Baumrelikt eine Bank. Kurz darauf schickt uns ein Markierungspfosten nach

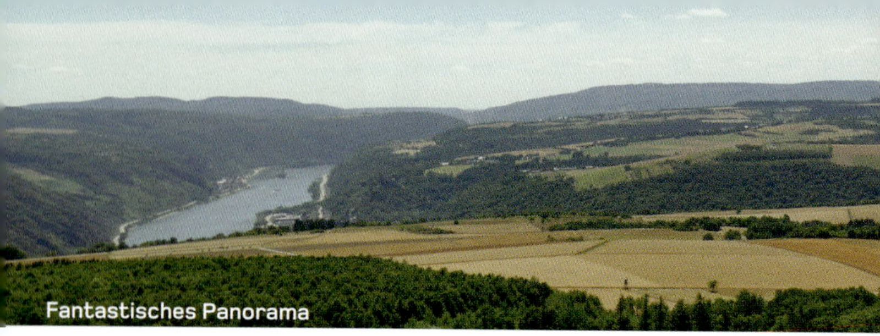

Fantastisches Panorama

links, und wir sind einmal mehr begeistert von der grandiosen Aussicht.

Nach **5.3 km** stoßen wir auf einen Asphaltweg und biegen rechts ab. Über uns kreisen Raubvögel und wohltuende Stille umfangt uns. Doch wir dürfen nicht zu sehr ins Träumen kommen, denn unser Traumschleifchen biegt links auf einen Pfad ab, der uns alsbald in einen Gehölztunnel führt. Nun geht es mitten durchs üppige Heckengrün.

Danach stehen knorrige Baumveteranen Spalier, und wir sind zurück in der offenen Landschaft. Der Pfad folgt dem Feldrand, bis er an einer Bank wieder auf den Asphaltweg stößt, dem wir links weiter bergan folgen. Lange dauert es nicht, dann

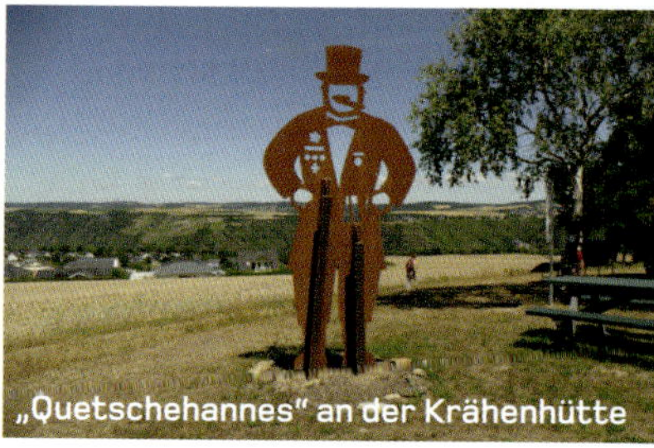

„Quetschehannes" an der Krähenhütte

stehen wir an einer Kreuzung am Waldrand: Hier schickt uns ein Wegweiser nach links. Kurz darauf ignorieren wir einen ersten Weg nach rechts und bleiben am Waldrand. Erst nach einer weiteren Bank am Ende des Wäldchens wenden wir uns scharf nach rechts. Bald taucht unser Naturweg in den wohltuenden Schatten des Waldes ein. Anfangs windet sich der Weg pfadig durch den Laubmischwald, dann trifft er auf einen befestigten Waldweg, dem wir nach links folgen. Doch aufgepasst: Kurz

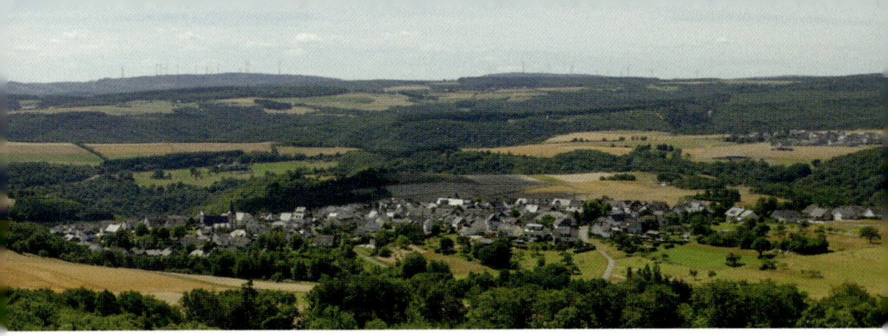

öffnet sich links ein Fenster im Wald - und wie es sich für einen Premiumspazierwanderweg gehört, steht hier am Rand des ehemaligen „Gräflichen Thiergartens“ nach **6.1 km** eine Sinnesbank (6) zum Ausruhen bereit.

Mit frischen Kräften setzen wir den sanften Anstieg beschwingt fort, freuen uns an der Vielfalt des Waldes und den bunten Fingerhüten, die im Sommer leuchtende Akzente am Wegesrand setzen. Dann heißt es noch einmal aufmerksam sein: An einem Markierungspfosten biegt unser Weg rechts auf einen Pfad ab. Wir gewinnen noch etwas Höhe und wechseln wenig später erneut die Richtung, diesmal nach links. Erste Geräusche der nahen Straße dringen an unsere Ohren, und dann sind wir auch schon wieder zurück: Drei Stufen bringen uns zum Portal am Parkplatz (1) an der K 97, wo diese herrliche Runde nach **6.7 km** zu Ende geht.

FAZIT

Der Weg verlangt normale Kondition und Trittsicherheit. Aufgrund des hohen Naturweganteils sind aber feste Wanderschuhe zu jeder Jahreszeit empfehlenswert.

Schlüsselstellen: Es gibt keine besonders herausfordernden Passagen, wobei der Pfad zum Spitzen Stein aufgrund des unebenen Wegbelags durchaus Aufmerksamkeit erfordert.

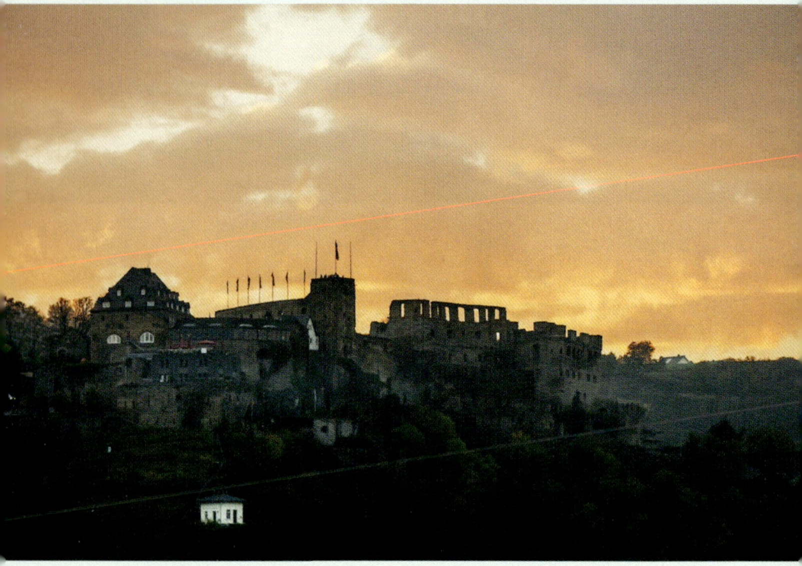

Trutztige Festung

Nur wenig Fantasie benötigt man beim Anblick von Burg Rheinfels, um sich in das Jahr 1692 zurückzuversetzen. Ein Drama spielte sich damals in der hohen Zeit der Renaissance im Herzen des heutigen UNESCO-Welterbes Mittelrheintal ab: König Ludwig XIV. belagerte die mächtige Festung oberhalb von St. Goar mit einem riesigen Heer. Den nur 4000 eingeschlossenen Kämpfern gelang es vor allem dank der ausgeklügelten Anlage der Burg, die zu den modernsten ihrer Zeit zählte, der französischen Übermacht als einzige linksrheinische Burg zu widerstehen. Allerdings wurde gut 100 Jahre später die Festung kampflos eingenommen. Die Franzosen sprengten 1796/97 weite Teile der Anlage. Damit war die im 14. und 15. Jahrhundert bedeutende Zollburg dem Verfall preisgegeben. Erst im 20. Jahrhundert wurde mit dem Wiederaufbau begonnen. Ein Drittel der ehemaligen Anlage sowie ein Museum können besichtigt werden. Das ehemalige Fort Scharfeneck ist heute ein Hotel mit Restaurant.

Tourist-Info Hunsrück-Mittelrhein, Rhein-Mosel-Str. 45, 56281 Emmelshausen, ✆ 06747/93220, ⓘ www.hunsrück-mittelrhein.de

Landgasthof Rebstock, An der Bach 3, 56329 St. Goar-Biebernheim, ✆ 06741/9800337, ⓘ www.landgasthof-rebstock.de
- *Loreleyblick Maria Ruh, Loreleystr. 20, 55430 Urbar, ✆ 06741/9811599, ⓘ www.maria-ruh.de*

Hotel Schloss Rheinfels, Schlossberg 47, 56329 St. Goar, ✆ 06741/8020, ⓘ www.schloss-rheinfels.de
- *Hotel Keutmann, An der Loreley 24, 56329 St. Goar ⓘ www.hotel-keutmann.de ✆ 06741/1691*
- *Knab's Mühlenschenke, Gründelbachtal 73, 56329 St. Goar, ✆ 06741/1698, ⓘ www.muehlenschenke.de*

Wohnmobilstellplatz am Reiterhof, Auf dem Flürchen, Reiterhof Pabst, 56329 St. Goar-Biebernheim, ✆ 06741/383, ⓘ www.st-goar.de
- *Campingplatz Loreleyblick, An der Loreley 33, 56329 St. Goar, ✆ 06741/2066, ⓘ www.camping-loreleyblick.de*

St. Goar hat einen Bahnhof und ist im Stundentakt über den regionalen Zugverkehr (Mittelrheinbahn) erreichbar. ⓘ www.mittelrheinbahn.de

Taxi Erdmann, ✆ 06741/7738
- *Taxi Pabst, ✆ 06741/7011*

Hunde können den Weg problemlos absolvieren. Sie sollten allerdings an der Leine geführt werden. Es gibt unterwegs keinen Bach, also an ausreichend Wasser für den Vierbeiner denken.

Premium-Wanderwege in der Nähe:
- *Welterbesteig von Bingen bis Koblenz, Länge:* **117 km**
- *Traumschleife Mittelrhein, ab Spitzer Stein bei Urbar, Länge:* **14.6 km**
- *Rheinburgenweg Rundtour Schwede-Bure-Tour, ab Oberwesel, Länge:* **12.1 km**

8 Pfalzblick

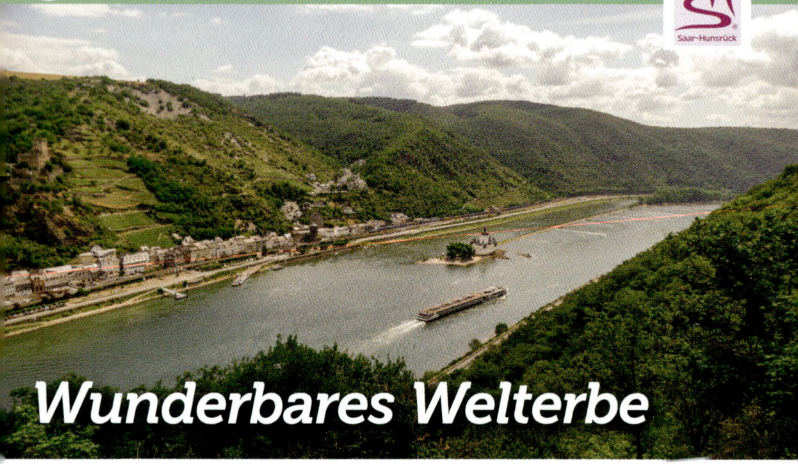

Wunderbares Welterbe

6.1	2h 15min	153	330	447 525	SWP1X8X5
km		↑ ↓		♀ ♂	

Start/Ziel: Parkplatz Gemeindehaus Langscheid

Anfahrt: B 9 bis Bacharach, weiter auf K 21 bis Langscheid. Oder von Oberwesel über K 89 zum Parkplatz Pfalzblick oder bis Langscheid. Von den Parkplätzen sind Zuwege ausgeschildert.

Parken:
Gemeindehaus Langscheid
N50° 04' 46.0'' • E7° 44' 42.6''
nahe Pfalzblick an K 89
N50° 05' 33.1'' • E7° 44' 39.0''

Wegpunkte:
P1 Gemeindehaus Langscheid
32 U 410218 5548219
P2 Tripelpunkt
32 U 410525 5548474
P3 Rastplatz Uff'm hinner Beil
32 U 410262 5548988
P4 Abzweig Parkplatz Pfalzblick
32 U 410137 5549051
P5 Sauzahn-Hütte
32 U 410957 5548901
P6 Rastplatz Grube Rhein
32 U 411276 5548475

scan to go®

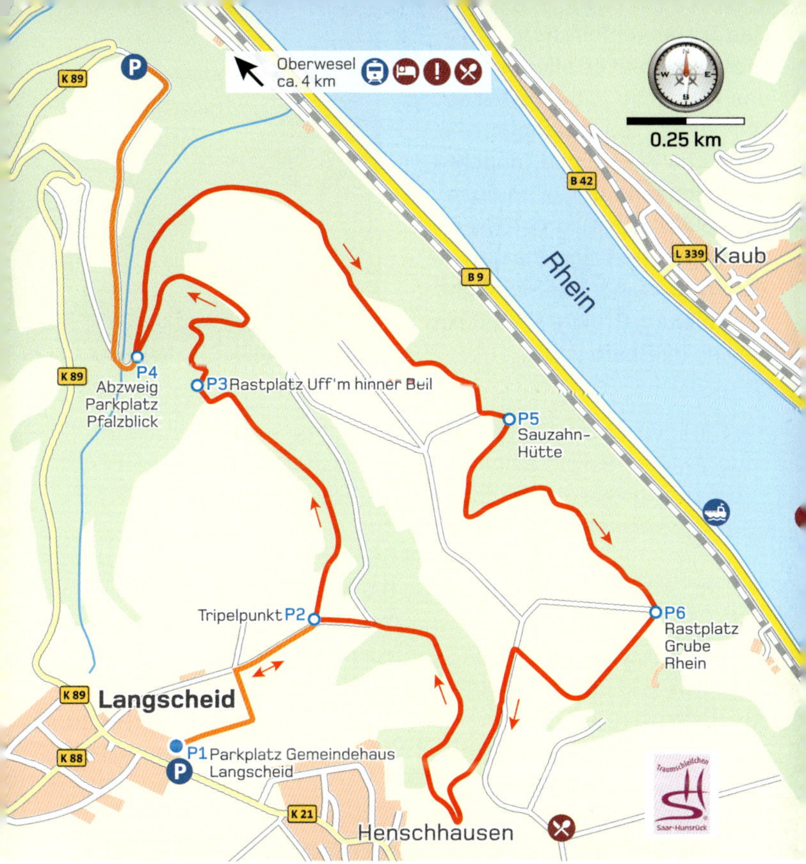

Oberwesel
ca. 4 km
0.25 km
K 89
B 42
B 9
L 339
Kaub
Rhein
P4
Abzweig
Parkplatz
Pfalzblick
P3 Rastplatz Uff'm hinner Beil
P5
Sauzahn-
Hütte
Tripelpunkt P2
P6
Rastplatz
Grube
Rhein
Langscheid
K 88
P1 Parkplatz Gemeindehaus
Langscheid
K 21
Henschhausen
Traumschleifchen
Saar-Hunsrück

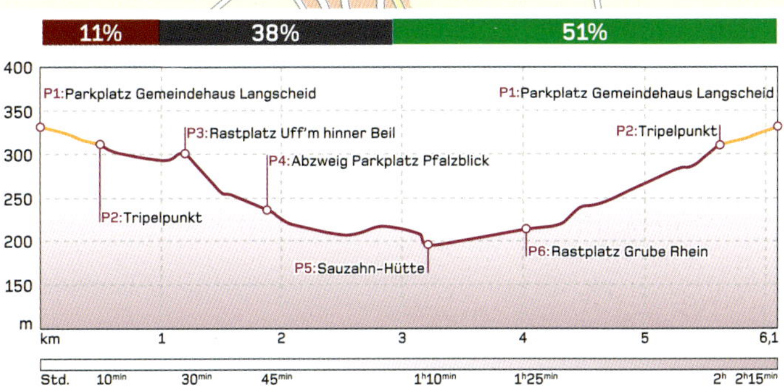

11%
38%
51%
400
350
300
250
200
150
m
P1:Parkplatz Gemeindehaus Langscheid
P1:Parkplatz Gemeindehaus Langscheid
P3:Rastplatz Uff'm hinner Beil
P2:Tripelpunkt
P4:Abzweig Parkplatz Pfalzblick
P2:Tripelpunkt
P5:Sauzahn-Hütte
P6:Rastplatz Grube Rhein
km
1
2
3
4
5
6,1
Std.
10min
30min
45min
1h10min
1h25min
2h
2h15min

Das Traumschleifchen Pfalzblick bietet alles, was das Welterbe „Oberes Mittelrheintal" auszeichnet: herrliche Weitblicke, lauschige Waldpassagen, grandiose Rastplätze. Und immer wieder liegen trutzige Burgen im Blickfeld, wobei das Highlight die Zollburg Pfalzgrafenstein mitten im Rhein ist.

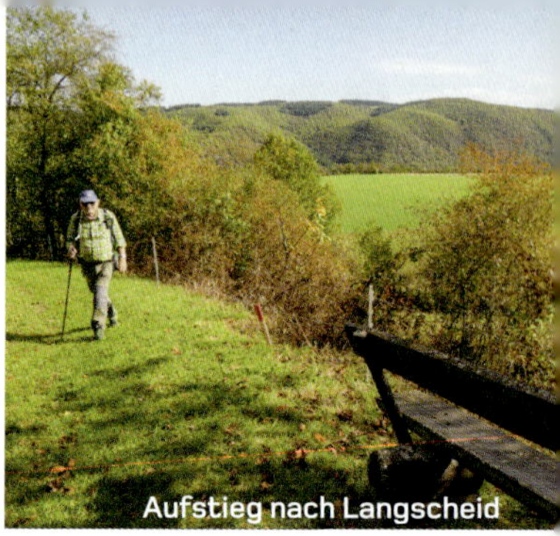

Aufstieg nach Langscheid

Am Parkplatz beim Gemeindehaus Langscheid (1) empfängt uns nicht nur ein erster Zuwegungswegweiser, sondern auch eine übersichtliche Portaltafel des Traumschleifchens Pfalzblick. So bekommen wir rasch einen ersten Überblick und entschließen uns daraufhin, die Tour im Uhrzeigersinn zu absolvieren – dadurch fallen die Steigungen etwas gemächlicher aus. Vom Parkplatz folgen wir dem Wegweiser in die offene Flur und genießen vom bequemen Feldweg einen ersten herrlichen Weitblick.

An der ersten Feldwegkreuzung schickt uns das Logo an einem Markierungspfosten nach links. Kurz darauf stoßen wir auf einen asphaltierten Wirtschaftsweg, dem wir rechts sanft bergab zum Tripelpunkt (2) der Tour folgen. Hier treffen wir nach **0.5 km** auf das eigentliche Traumschleifchen. Wir wollen zunächst zum Aussichtspunkt „Uff'm hinner Beil" und biegen daher links auf einen grasigen Feldweg ab. Bald säumt niedriges Gebüsch unseren Weg, und eine erste Bank bietet Gelegenheit zum Verweilen. Vor uns breitet sich eine Wiese aus, und durchs Geäst der unterhalb angrenzenden Bäume erspähen wir die Burg Gutenfels am gegenüberliegenden Rheinufer.

Entspannt wandern wir fast ohne Höhenunterschied

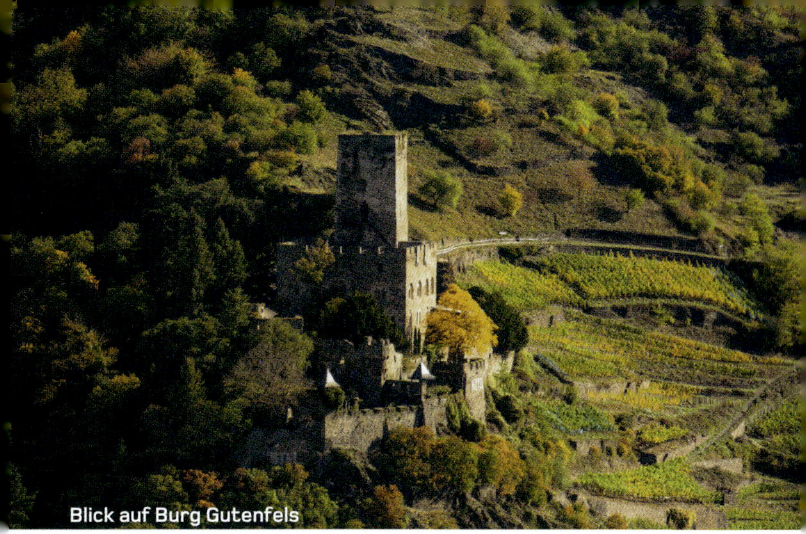
Blick auf Burg Gutenfels

weiter und passieren dabei einen Schatten spendenden Gehölzriegel, was an heißen Sommertagen hochwillkommen ist. Wenig später weicht das Gebüsch zurück, und nun geht es zwischen Hecken und Feldern voran.

Nach **1.2 km** treffen wir am nächsten Wegweiser ein, der uns erneut in die Gehölzzone schickt. Doch bevor wir dort rechts den Abstieg beginnen, zieht es uns magisch zu den an der Hangkante bereitstehenden Rastgelegenheiten von „Uff'm hinner Beil" **(3)**: Ein Rastplatz, Bänke und eine urbequeme Sinnesbank laden uns zur Rast ein. Das lassen wir uns nicht zweimal sagen, zumal der Ausblick Richtung Oberwesel einfach herrlich ist.

Nachdem wir uns vorerst sattgesehen haben, zieht es uns weiter. Und wir werden reich belohnt. Das Traumschleifchen nutzt einen zwar deutlich bergab führenden Naturweg, der bei Nässe gute Trittsicherheit verlangt, führt uns dabei aber durch urigen Eichenniederwald, der typisch für das Obere Mittelrheintal ist. Ginster säumen den Weg, und Moospolster kämpfen auf kargem, teils felsigem Grund ums Überleben. Je tiefer wir kommen, umso dichter und höher wird der Wald, bis wir schließlich nach deutlichem Höhenverlust den Waldrand erreichen und links auf einen Feldweg abbiegen. Nur wenige Meter später steht die nächste Sinnesbank bereit und bietet erneut einen herrlichen Ausblick auf das Rheintal und die Burg Gutenfels.

Wir folgen dem leicht befestigten Weg mit einer Linkskurve zurück in den Wald. Nur noch langsam geht es abwärts, bis wir an einem Wegweiser auf einen weiteren Weg stoßen. Wir befinden uns nun oberhalb des Elligbaches und treffen an dieser Stelle nach **1.9 km** nicht nur auf den mit rotem R auf weißem Grund markierten Rheinburgenweg, sondern auch auf den Zuweg zum Parkplatz Pfalzblick **(4)**. Wir wenden uns nach rechts und genießen Wald und Wiesen im stetigen Wechsel.

Am offenen Wiesenland macht eine Tafel auf die Bergbaugeschichte der Region aufmerksam: In der Grube „Josef und Anna" wurde zwischen 1890 und 1915 Dachschiefer abgebaut. Wir setzen die Tour fort und biegen kurz darauf an einem Querweg nach links ab. Nur wenige Schritte später tauchen wir unters Blätterdach alter Bäume und stehen am Treppenabgang zur Sauzahn-Hütte **(5)**.

Neben der luftigen Grillhütte laden nach **3.2 km** auch gleich drei Rastplätze sowie einige

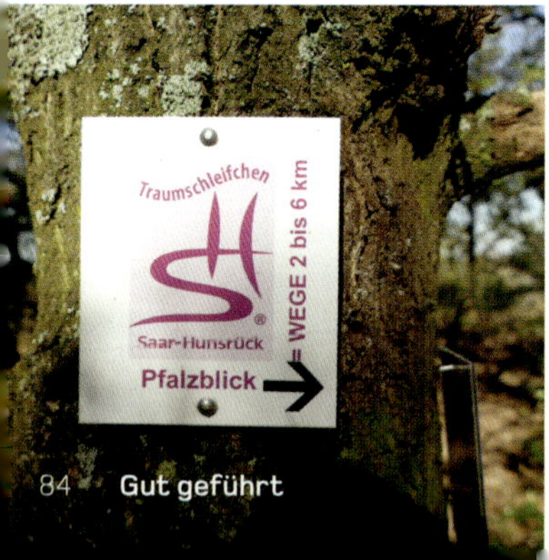

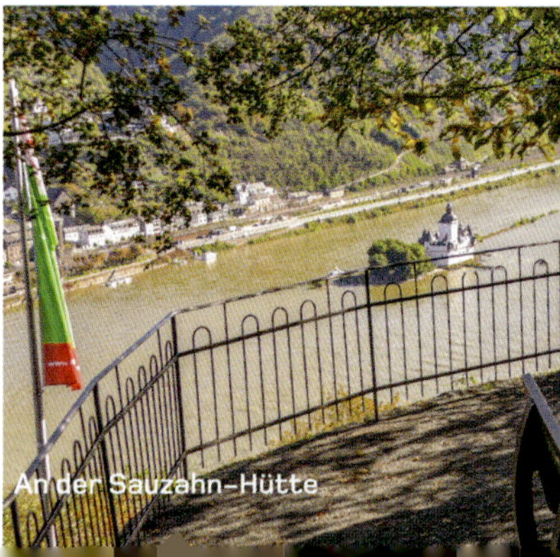

An der Sauzahn-Hütte

Bänke zur ausgiebigen Rast mit Logenblick ein. Ja, der Blick hat wirklich etwas: Unter uns im Tal strömt majestätisch Vater Rhein, während auf der anderen Rheinseite Burg Gutenfels über Kaub Wache hält. Mittendrin erhebt, umspült von den Wassern des Rheins, die „Pfalz", wie die ehemalige Zollburg Pfalzgrafenstein auch kurz genannt wird, ihre stolzen Mauern.

Kein Zweifel: An dieser Stelle macht unser Traumschleifchen seinem Namen wirklich alle Ehre. Neben der Naturschönheit und den Burgen schauen wir den Fähren und Schiffen auf dem Rhein nach. Langeweile kommt an diesem idyllischen Ort garantiert nicht auf.

Umso schwerer fällt der Abschied, doch wir sind einfach zu neugierig, was uns noch entlang der Strecke erwartet. So lassen wir die Sauzahn-Hütte hinter uns und wandern auf dem meist grasigen Hangkantenweg weiter. Anfangs umfängt dichtes Gehölz unseren Weg und sorgt für etwas Urwaldatmosphäre, dann bewegen wir uns wieder zwischen Hecken und Wiesen und genießen den freien Blick auf die Umgebung.

Nach **4 km** erwartet uns der nächste Höhepunkt: Wir haben die Grube Rhein **(6)** und den Abzweig zur Fähre nach Kaub erreicht und können wahlweise von der Sinnesbank an der Hangkante oder vom Rastplatz den Blick ins Rheintal, zur „Pfalz" und auf

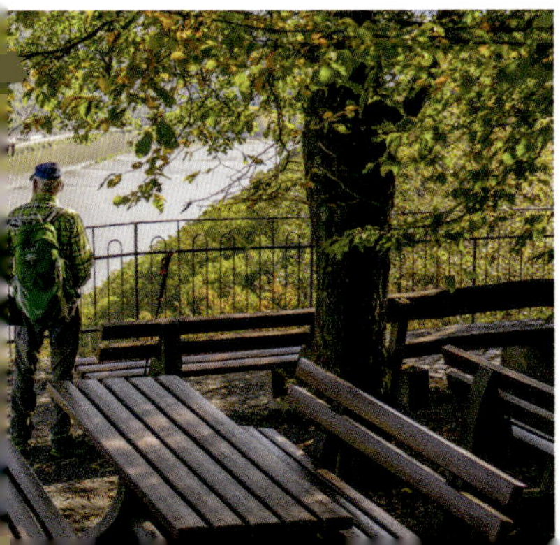

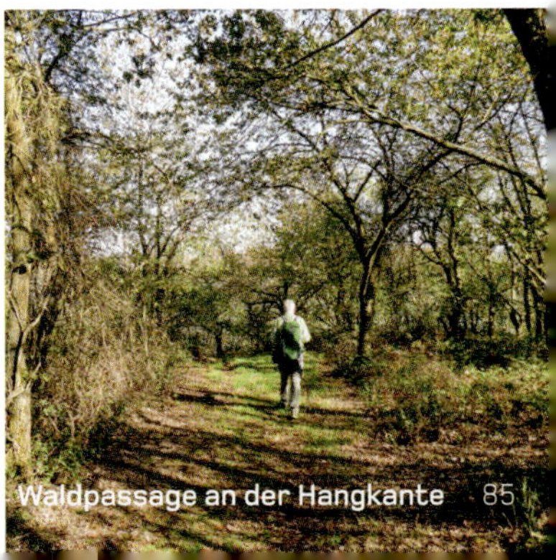

Waldpassage an der Hangkante

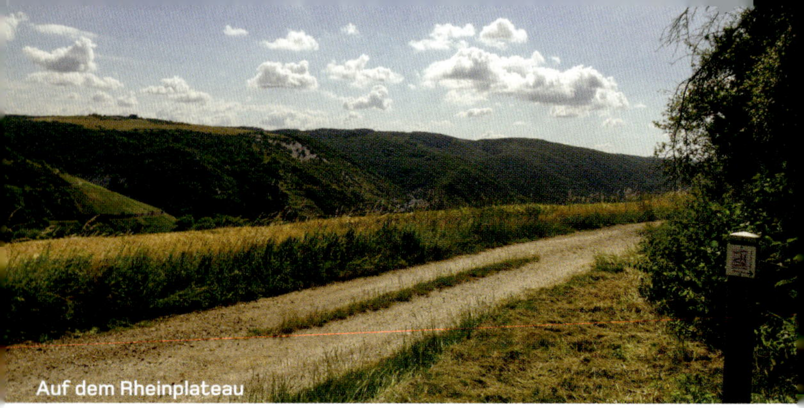
Auf dem Rheinplateau

die Grube Rhein auskosten. Eine Tafel weist auf den ehemaligen Schieferabbau in der Grube Rhein hin, den wir hier von der Hangkante aus auch heute noch gut nachvollziehen können.

Nach diesem tollen Ein- und Ausblick folgen wir noch etwa 200 m dem Gebüsch der Hangkante, dann heißt es Abschied nehmen vom Rheinburgenweg: Während der weiter an der Hangkante verläuft, biegen wir scharf rechts ab, und wandern über den Wiesenhang. Lang dauert dieser erste Anstieg nicht, denn bald schwenken wir an einem Markierungspfosten links auf einen fast eben verlaufenden Asphaltweg. Dieser gabelt sich nach **4.6 km**: Links kann man via Zuweg zum 700 m entfernten Hofcafé laufen, unser Traumschleifchen hält sich allerdings rechts.

Nun beginnt der Aufstieg zurück nach Langscheid. Zunächst gestaltet der sich noch gemächlich, und bald steht auch eine Bank zum Verschnaufen bereit. Dann meistern wir eine Spitzkehre nach rechts und erobern nun Schritt für Schritt Höhe. Vorbei an einigen Weiden führt unser Weg bald an abwechslungsreichen Hecken entlang. An einer Bank gibt uns ein kleiner aufgelassener Steinbruch noch einmal Einblick in das rheinische Schiefergebirge. Danach ist es nicht

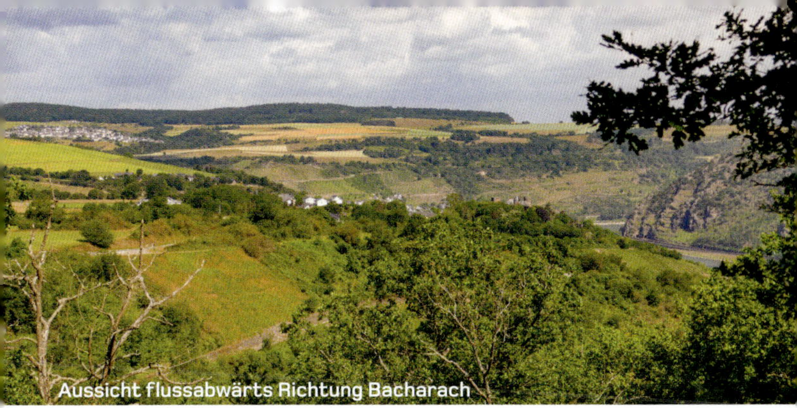
Aussicht flussabwärts Richtung Bacharach

mehr weit zum Rheinplateau, und wir verlassen die Gehölzzone. Von rechts stößt ein Asphaltweg zu uns, und auf dem harten Belag laufen wir hinauf zum Tripelpunkt (2). Hier wechseln wir nach **5.6 km** wieder auf den Zuweg nach Langscheid. Zunächst wandern wir einfach auf dem Asphalt geradeaus weiter aufwärts, dann dürfen wir kurz vor einem Bauernhof links auf einen Feldweg abbiegen. Noch einmal genießen wir den weiten Blick über die sanft gewellte Landschaft. Mit einem scharfen Knick nach rechts nehmen wir endgültig Kurs auf unseren Parkplatz, wo wir nach **6.1 km** außerordentlich erlebnisreichen Kilometern diese kurzweilige Spazierwanderung beenden.

FAZIT

Der Weg verlangt normale Kondition. Festes Schuhwerk ist aufgrund des hohen Naturweganteils wichtig. Wegen des Erlebnispotenzials und des Reliefs empfiehlt es sich, die Tour, wie beschrieben, im Uhrzeigersinn zu absolvieren.

Schlüsselstellen: Der Weg weist keine besonders anspruchsvollen Schlüsselstellen auf. Allerdings sind ein mäßig steiler Abstieg und ein langer Anstieg zu bewältigen.

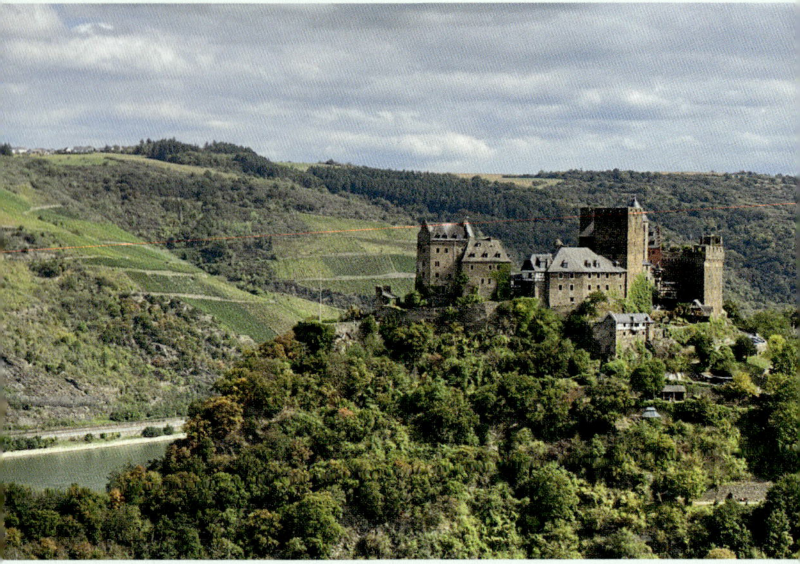

Referenz ans Mittelalter

Im 12. Jahrhundert war die Schönburg mit ihren zahlreichen Wohn- und Wehrbauten sowie Türmchen als sogenannte Ganerbenburg erbaut worden und bot mehreren Zweigen einer Familie eine Wohnstatt. Ursprünglich im Besitz des Magdeburger Erzbischofs, fiel die Burg bereits 1166 an Kaiser Friedrich I., der sie zur Reichsburg erhob und verpfändete. Lange Zeit befand sich die Burg dann im Besitz der Herren von Schönburg. Nach mehreren Besetzungen im 30-jährigen Krieg folgte 1689 die komplette Zerstörung. Ende des 19. Jahrhunderts kam es zum teilweisen Wiederaufbau. Heute beherbergt die Burg ein Hotel.

Besichtigung: Burghof kann frei besichtigt werden.
Restaurant: Mo. Ruhetag, ✆ 06744/93930

Tourist-Info am ZAP, Rhein Mosel-Str. 45, 56281 Emmelshausen, 06747/93220, www.rhein-mosel-dreieck.de

- Tourist-Info Oberwesel, Rathausstr. 3, 55430 Oberwesel, 06744/ 710624, www.oberwesel.de

Hofcafé Oldach, 55422 Henschhausen, 06743/2657, www.ferien-hof-oldach.de

- Gasthaus Rheingoldschänke, 06744/508 www.rheingoldschenke.de
- Hofcafé Hardthöhe, 06744/7271, www.ferien-hof-hardthoehe.de

Augustin's, Rathausstr. 2, 55430 Oberwesel, 06744/710070, www.augustins-hotelgastro.com

- Hotel Zur Post, Oberstr. 38, 55422 Bacharach, 06743/9471830
- Burghotel Auf Schönburg, 55430 Oberwesel, 06744/93930, www.burghotel-schoenburg.com

Oberwesel ist mit der Deutschen Bahn gut erreichbar. Von dort Buslinie 684 weiter nach Langscheid (Haltestelle Pfalzgrafenstraße). www.vrm.info

Wohnmobilstellplatz Stadt Oberwesel, Am Rhein/B 9, 55430 Oberwesel, 067 44/710624, www.oberwesel.de

Taxi Erdmann 06744/714088

- Taxi Pabst, 06744/711191

Der Weg ist für Hunde gut begehbar, allerdings gibt es unterwegs keinen Zugang zu Wasser.

Premium-Wanderwege in der Nähe:

- Schwede-Bure-Tour, Oberwesel, Länge: **12 km**
- Stahlbergschleife, Bacharach, Länge: **12.6 km**
- Rheinsteig, Wiesbaden-Bonn, Länge: **320 km**, erreichbar über die Fähre Kaub

9 Karrenberg

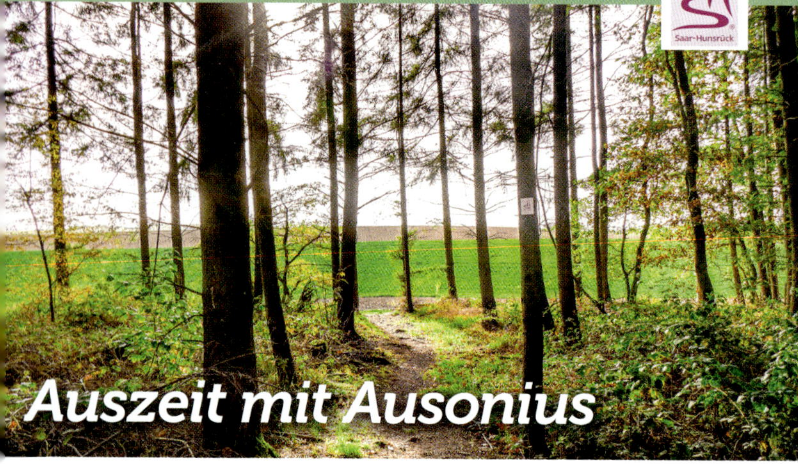

Auszeit mit Ausonius

km	Zeit	↑ ↓	Höchster Punkt	♀	♂	Download
6.1	2h15min	154	411	447	525	SWP1X9X4

Start/Ziel: Landhotel Karrenberg

Anfahrt: B 50 bis Abfahrt Nieder-Kostenz. Auf der L 195 zur K 3 bis zur Abfahrt zum Landhotel Karrenberg. Von Kirchberg gelangt man über die K 3 zum Startpunkt am Landhotel.

Parken: Landhotel Karrenberg
N49° 56' 06.3'' • E7° 22' 50.0''

scan to go®

Wegpunkte:

P1 Parkplatz Portal
32 U 383783 5532670

P2 Idarkopf-Blick
32 U 383946 5532092

P3 Beginn Steinbruch-Schleife
32 U 383631 5532692

P4 Viadukt-Blick
32 U 383654 5532756

P5 Sprunggrube & Ende Umgehung
32 U 383630 5532799

P6 Rastplatz
32 U 383921 5533351

P7 Kirchberg-Blick
32 U 384223 5533179

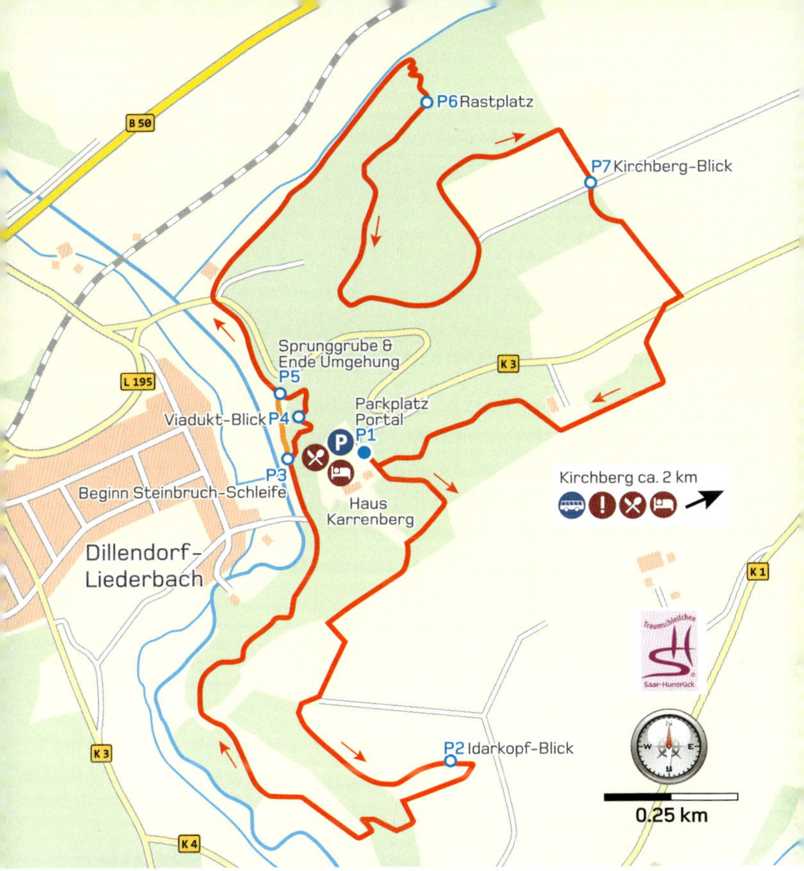

P6 Rastplatz
B 50
P7 Kirchberg-Blick
Sprunggrube & Ende Umgehung
P5
L 195
K 3
Parkplatz Portal
Viadukt-Blick P4
P1
P3
Beginn Steinbruch-Schleife
Haus Karrenberg
Kirchberg ca. 2 km
Dillendorf-Liederbach
K 1
Traumschleifchen
Saar-Hunsrück
K 3
P2 Idarkopf-Blick
0,25 km
K 4

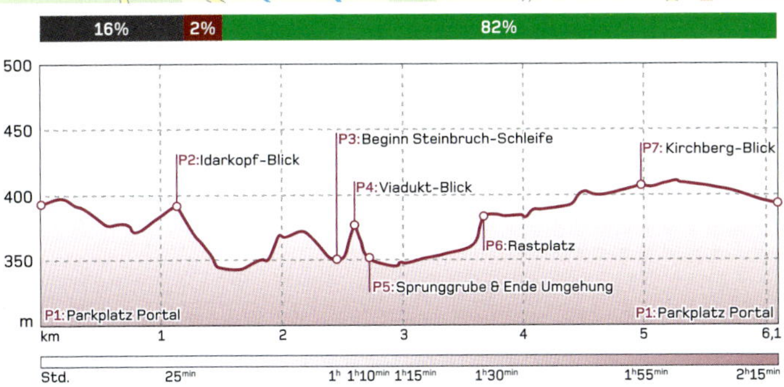

16%
2%
82%
500
450
400
350
m
P2: Idarkopf-Blick
P3: Beginn Steinbruch-Schleife
P4: Viadukt-Blick
P7: Kirchberg-Blick
P6: Rastplatz
P5: Sprunggrube & Ende Umgehung
P1: Parkplatz Portal
P1: Parkplatz Portal
km
1
2
3
4
5
6,1
Std.
25min
1h
1h10min
1h15min
1h30min
1h55min
2h15min

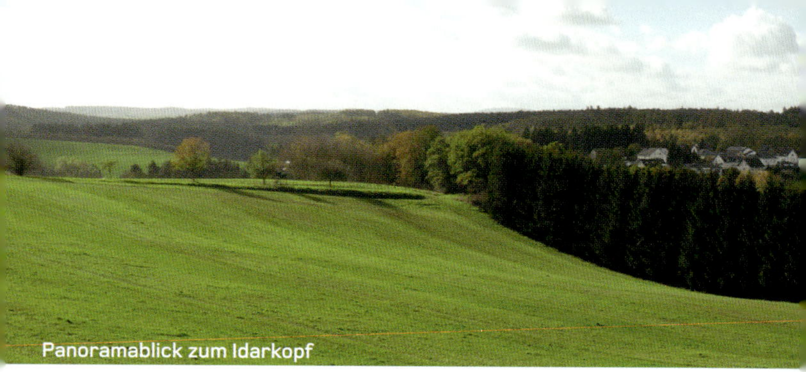

Panoramablick zum Idarkopf

Das Traumschleifchen Karrenberg bietet alles, was man sich von einer kurzen, erholsamen Auszeit im Grünen erhofft. Eine überaus kurzweilige Wegführung, fantastische Aussichten, ein idyllisches Bachtal und angenehme Ruheplätze, um die Seele baumeln zu lassen. Etwas Kondition ist zwischendurch auch gefragt, doch am Ende lockt das Landhotel zur Einkehr ...

Los geht es am Parklatz des Landhotels Karrenberg (1). Da wir die Runde im Uhrzeigersinn begehen, laufen wir die wenigen Schritte zum großen Holzportal am Waldrand und sind drin in der Natur.

Nach kurzem Anstieg schicken uns die markanten Traumschleifchen-Logos scharf rechts auf den Bissula-Pfad. Eine Tafel am Wegesrand erläutert: Der Name geht auf eine Sklavin zurück, die Kaiser Valentinian nach seinem Sieg über die Alemannen dem Gelehrten Ausonius zum Geschenk machte. Lange wandern wir nicht auf der Spur der schönen Muse, denn in der nächsten Kurve biegen wir links ab, durchqueren ein kleines Nadelwaldstück und wenden uns am Waldrand nach rechts abwärts.

Zuvor bietet eine Bank Gelegenheit, die schöne Aussicht Richtung Idarkopf in Ruhe zu genießen. Auch beim folgenden gemütlichen Abstieg können wir den Blick umherschweifen lassen. An einer

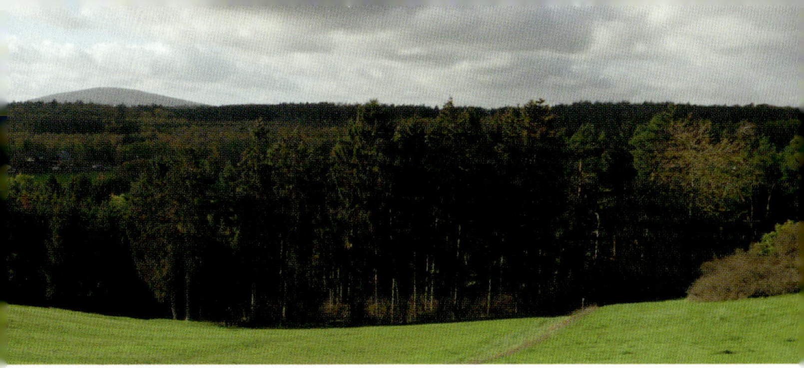

weiteren Bank am Waldrand gabelt sich der Weg. Wir halten uns links, durchschreiten eine Senke und laufen bald leicht ansteigend bergan, bis wir auf einen Asphaltweg stoßen. Hier wenden wir uns nach rechts, bald endet der Asphalt, und vom Waldrand aus haben wir die Felder links von uns bestens im Blick.

An einer weiteren Weggabelung wandern wir links zwischen Heckenriegel und Feldern bergan. Auf der Kuppe angelangt, weichen die Hecken zurück, und als sich der Panoramablick zum Idarkopf vollends entfaltet, steht nach **1.1 km** eine willkommene und perfekt platzierte Sinnesbank (2) zur entspannten Pause bereit.

Gleich nach der Bank knickt das Traumschleifchen scharf rechts ab und quert als federnder Pfad eine Wiese. Wir laufen hinab zum Waldrand, folgen diesem kurz nach links, bevor wir rechts in den Schatten des Waldes eintauchen. Nach kurzem Abstieg treffen wir auf einen breiten Forstweg, wenden uns erst nach links, nur um schon wenige Schritte später erneut rechts auf einen Pfad abzubiegen. Mit einigen Stufen geht es abwärts ins Kyrbachtal, wo wir rechts am Waldrand entlang weiterwandern.

Vor uns breitet sich nun die idyllische Talaue aus, saftige Wiesen beherrschen die Szene, im Frühjahr sorgt sattgelber Löwenzahn für leuchtende Tupfer im Grün. Wir streifen durch die Wiesen, queren einen kleinen Seitenbach per Steg und sehen uns der ersten Herausforderung des Tages gegenüber: Das Traumschleifchen steigt auf schmalem Waldpfad stramm bergan. Bald endet diese steile Passage, und der Pfad flacht etwas ab und windet sich abwechslungsreich mit sanftem Auf und Ab durch den lichten, von Eichen dominierten Wald.

Schließlich stoßen wir auf einen Querweg, dem wir uns links abwärts anvertrauen. Nach **2.4 km** treffen wir wieder im Kyrbachtal ein, gleich darauf zweigt links der Ausoniusweg zur ca. 2.3 km entfernten Ausoniushütte und zum Römerturm ab (ein historischer Abstecher, der sich nicht nur für Römerfreunde lohnt).

Wir bleiben dem Traumschleifchen Karrenberg treu und wandern auf breitem Talweg direkt neben dem leise plätschernden Kyrbach geradeaus weiter. Dann wird es anstren-

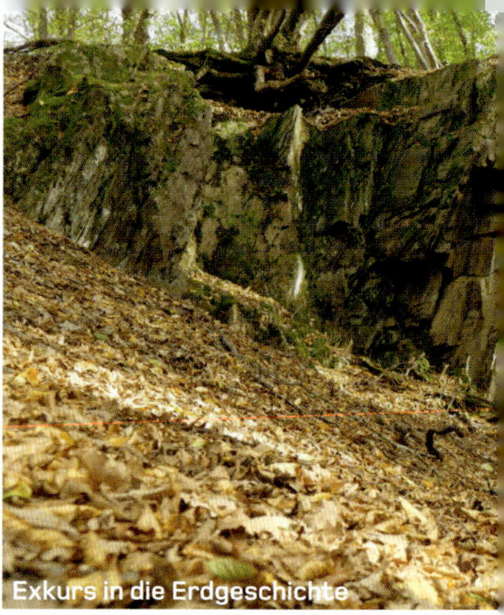
Exkurs in die Erdgeschichte

gend und herausfordernd! Nun beginnt auf schmalem, steilen Pfad die Steinbruch-Schleife (3).

! Wer sich diese Steilpassage nicht zutraut (oder wenn es die Witterung nicht erlaubt) für den gibt es eine Umgehung: Man wandert einfach auf dem Talweg geradeaus weiter. Am Rastplatz an der Sprungrube trifft man ca. 150 m später wieder auf das Traumschleifchen.

Auf dem Traumschleifchen ist nun Kondition gefragt, denn über Treppenstufen wird die Flanke eines alten Stein-

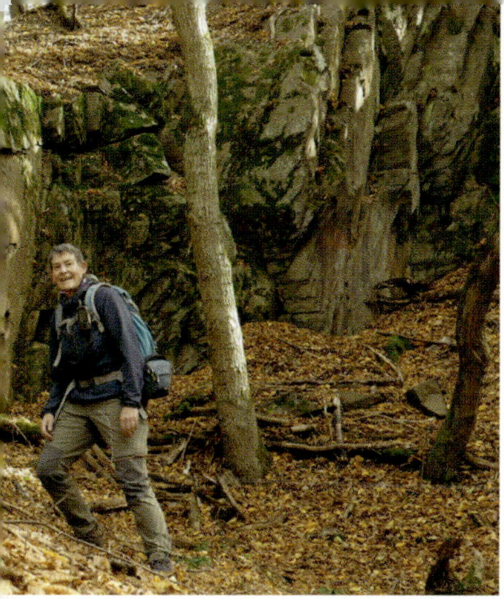

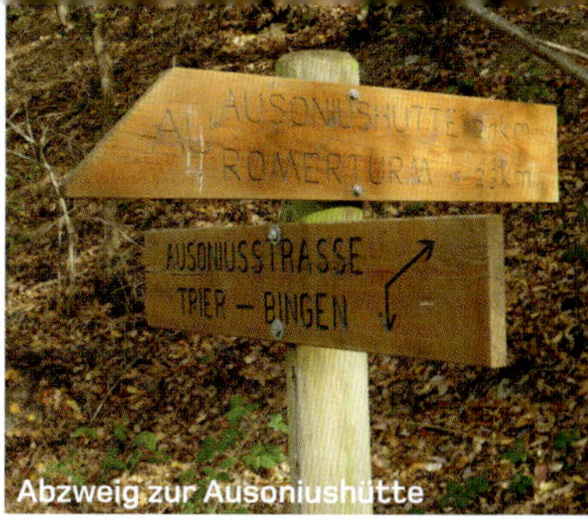

Abzweig zur Ausoniushütte

bruchs erklommen. Etwas außer Atem stehen wir bald oben und laufen nun links zur Hangkante, wo ein idyllischer Rastplatz und eine weitere Sinnesbank **(4)** zur Rast im Grünen einladen. Aus gemütlicher Position fällt der Blick ins Kyrbachtal und bleibt an den regelmäßigen Steinbögen des schmucken Viadukts von Nieder-Kostenz hängen.

Mit frischen Kräften setzen wir die Tour fort, steigen auf steilem, teils etwas ausgesetztem, sehr schmalen Pfad wieder ins Tal ab, wo neben einem Rastplatz eine Sprunggrube **(5)** für weitere sportliche Aktivität bereitsteht. An dieser Stelle mündet von links auch die Umgehung über den Talweg. Wir folgen dem breiten Weg zur nahen K 3, die wir nach **3 km** vorsichtig und aufmerksam queren. Auf der anderen Seite kann man noch mal einen Durchblick zum Viadukt erhaschen, bevor man erst rechts etwa 10 m der Straße folgt und dann links auf einen Forstweg abbiegt.

Der wandelt sich zunehmend zum idyllischen Naturpfad, der unmittelbar am Hetzenbach verläuft. An einer rustikalen Bank beginnt der Anstieg zum Karrenberg. Doch der gestaltet sich auf verschlungenem Grasweg recht angenehm. Sanft gewinnen wir Schritt für Schritt an Höhe und erleben dabei, wie ein ehemaliger

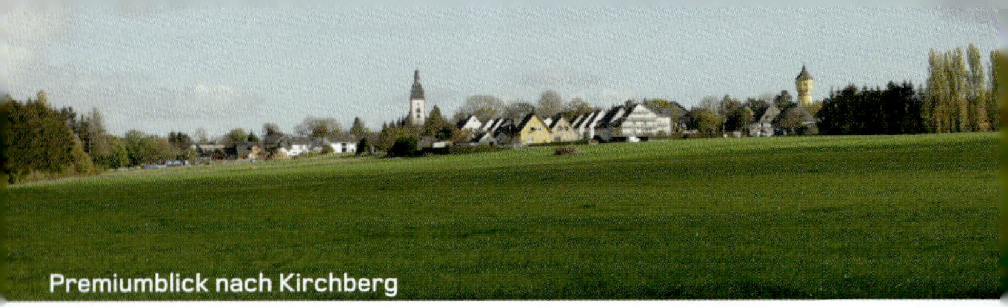
Premiumblick nach Kirchberg

Windbruch von zahlreichen Pflanzen neu erobert wird. Längst haben Eberesche, Birke und Co den Hang wieder mit üppigem Grün besiedelt.

Nach deutlichem Höhengewinn steht bei **km 3.7** ein Rastplatz (6) zum Verschnaufen bereit. Wer noch überschüssige Energie loswerden will, kann sich an der Outdoor-Fitness-Station austoben. Weiter führt das Traumschleifchen im schnellen Wechsel mal durch Wald, mal durch luftige Gehölzbereiche, nur ab und an erhaschen wir kleine Blicke ins Tal und die Umgebung. Kontinuierlich gewinnen wir an Höhe und erreichen schließlich eine Kreuzung im Hochwald. Hier wandern wir geradeaus und kommen noch einmal in eine niedrige Jungwaldzone.

Nach **4.5 km** Treffen wir an einer weiteren Kreuzung ein,

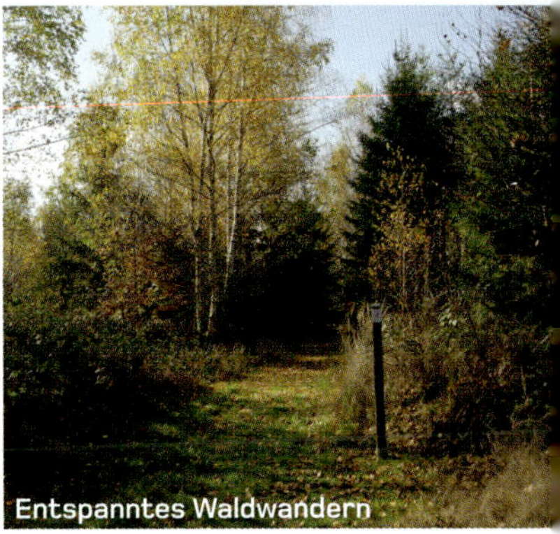
Entspanntes Waldwandern

an der sich unter einer mächtigen Eiche eine Bank mit Tisch befindet. Wir laufen fast geradeaus weiter und gelangen nun in einen sehr dichten Jungwald. Bald knickt die Route nach rechts und führt uns durch ein enges Spalier aufstrebender Bäume, die in Reih und Glied angepflanzt wurden. Dann erspähen wir voraus offene Flur und erreichen den Waldrand. Dort biegen wir rechts ab. Nun schwelgen wir in der weiten

Sicht, die sich links eröffnet. Anziehungspunkt ist dabei natürlich Kirchberg mit seinen beiden markanten Türmen. Noch besser können wir das Hunsrück-Städtchen nach **5 km** von einer Bank (7) an einer Wegkreuzung betrachten. Eine anschauliche Tafel erläutert zudem Wissenswertes zu Kirchberg.

Mit frischen Kräften treten wir nach der Pause auf einem Pfad in den Wald ein und erreichen nach einem Bogen erneut den Waldrandweg. Diesem folgen wir nun nach rechts zur nahen K 3, die wir auf freier Strecke queren. Auf der anderen Seite wandern wir mal wieder auf der historischen Römerstraße und bleiben dabei am Waldrand.

Erst nach **5.5 km** biegen wir an einer Bank rechts auf einen Grasweg ab. Noch einmal werden wir mit einem tollen Panoramablick beglückt, während wir zwischen Feldern und Wald sanft abwärts wandern. Doch bei erster Gelegenheit biegen wir rechts ab, passieren ein Haus und wechseln wenige Meter später links auf einen urigen Naturpfad.

Der schlängelt sich durch dichten Jungwald und führt uns schließlich nach **6.1 km** wieder an den Startpunkt beim Landhotel Karrenberg (1), wo sich der Kreis dieser sehr kurzweiligen und ansprechenden Runde schließt.

FAZIT

Das Traumschleifchen Karrenberg verläuft zum größten Teil auf grasigen Wegen oder naturbelassenen Feldwegen. Bei nasser Witterung kann die Strecke daher etwas rutschig sein. Festes Schuhwerk ist unbedingt empfohlen. Auf einigen kurzen An- und Abstiegen ist Trittsicherheit notwendig.

Schlüsselstellen: Der Weg weist einige kurze, aber steile An- und Abstiege aus. Für die sehr steile und teils ausgesetzte Wegführung am alten Steinbruch (km 2.5 bis 2.7) gibt es eine bequeme, gut begehbare Umgehung bei jedem Wetter über den Talweg.

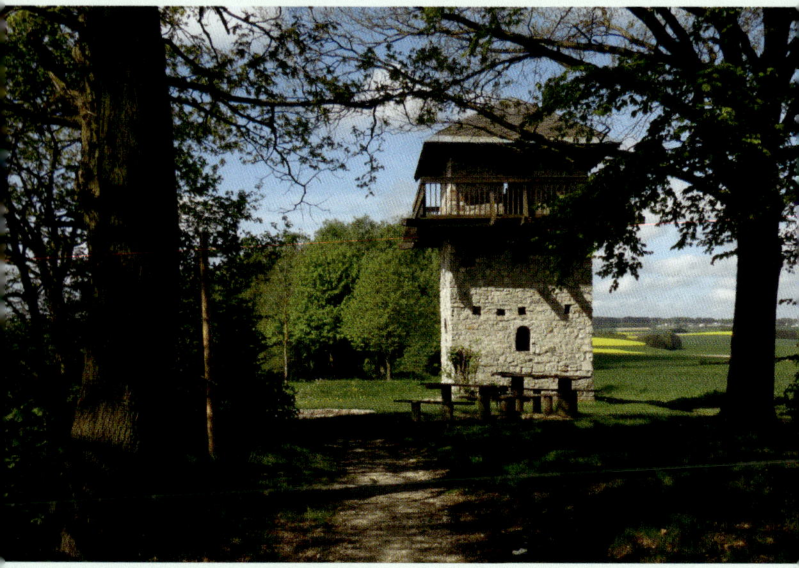

Auf der Spur der Römer

Erbaut im 1. Jahrhundert nach Christus, gehörte die große Römerstraße zwischen Bingen und Trier bald zu den wichtigsten Verkehrsverbindungen im Römischen Reich. Als der römische Gelehrte und Dichter Decimus Magnus Ausonius Ende des 4. Jahrhunderts n. Chr. selbst auf dieser bedeutenden Römerstraße unterwegs war, hielt er die Erlebnisse und Eindrücke seiner Reise von Rhein und Nahe über den Hunsrück bis zur Mosel in seinem Werk „Mosella" fest. Heute erinnert der Ausoniuswanderweg auf der historischen Strecke der Römerstraße an diese denkwürdige Reise. Der heute etwa 110 km lange Weg führt in etwa sechs Etappen von Bingen bis Trier. Dabei folgt er fast immer alten Römerstraßen, die sich mittlerweile aber zumindest teilweise zu idyllischen Wanderpfaden gewandelt haben. Trier ist mit seinen römischen Spuren der krönende Abschluss dieser etwas anderen römischen Spurensuche durch den Hunsrück.

Tourist Info Kirchberg, Marktplatz 6, 55481 Kirchberg, 06763/910144, www.kirchberg-hunsrueck.de

Olla´s, Restaurant im Landhotel Karrenberg, Straßheck 3, 55481 Kirchberg, 06763/93080, www.landhotel-karrenberg.de, Restaurant ab 17 Uhr, Di. Ruhetag, Sa. & So. 14-17 Uhr Kaffee & Kuchen
- Restaurant Kirchberger Hof, Kappeler Str. 14, 55481 Kirchberg, Tel.: 06763/3763, www.restaurantkirchbergerhof.de

Landhotel Karrenberg, Straßheck 3, 55481 Kirchberg, 06763/93080, www.landhotel-karrenberg.de
- Hotel Weber am Markt, Hauptstraße 15, 55481 Kirchberg, 06763/3705

AMB Reisemobile GmbH, Herbert-Kühn-Str. 10, 55481 Kirchberg, 06763/544, www.amb-reisemobile.com, auf dem Firmengelände gibt es kostenpflichtige Stellplätze mit Ent- & Versorgung sowie Stromanschluss.

Der Startpunkt der Tour ist mit ÖPNV nicht erreichbar. Bis Kirchberg gelangt man mit diversen Buslinien. Weitere Informationen unter: www.vrminfo.de

Taxi Konrad, Bergstr. 10, 55487 Sohren, 06543/2010

Die Wegstrecke weist keine unüberwindbaren Hindernisse für Hunde auf. Es gibt keinen Zugang zum Wasser.

Premium-Wanderwege in der Nähe:

- Saar-Hunsrück-Steig, Perl bis Boppard, Länge: **410 km**
- Traumschleife Diller Burgpfad, Länge: **11.3 km**

10 Gangelsberg

PREMIUM SPAZIERWANDERWEG Gangelsberg

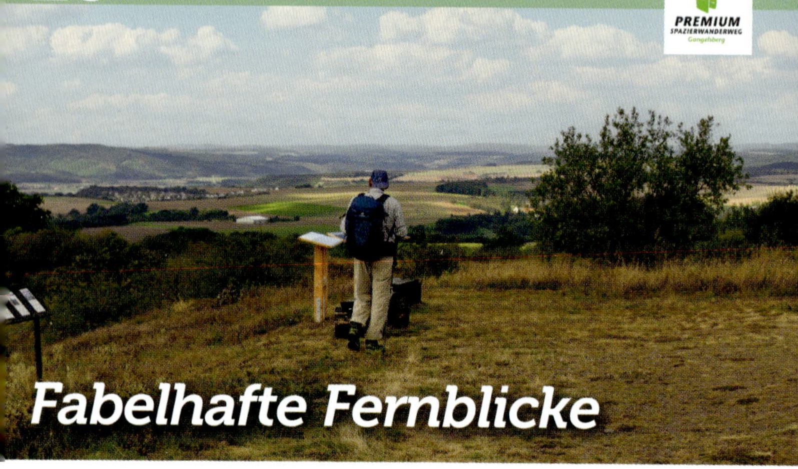

Fabelhafte Fernblicke

4.4	1h45min	164	340	360 423	SWP11XX3
km		↑ ↓			

Start/Ziel: Wanderparkplatz nahe Friedhof, Duchroth

Anfahrt: B 41 (aus Bad Kreuznach oder Bad Sobernheim kommend) Abfahrt Rüdesheim, weiter über die L 236 nach Niederhausen ans Naheufer. Entlang der Nahe bis Oberhausen, dann über den Fluss und der L 235 nach Duchroth folgen.

Parken: Wanderparkplatz Duchroth, Weinbergstraße
N49° 47' 11.6'' • E7° 44' 25.1''

Wegpunkte:

P1 Parkplatz
32 U 5515661 409324

P2 Wingertshäuschen
32 U 5516217 409367

P3 Gangelsberg
32 U 5516201 408892

P4 Boos Blick
32 U 5516747 408631

P5 Abzweig Vitaltour
32 U 5515845 409147

scan to go®

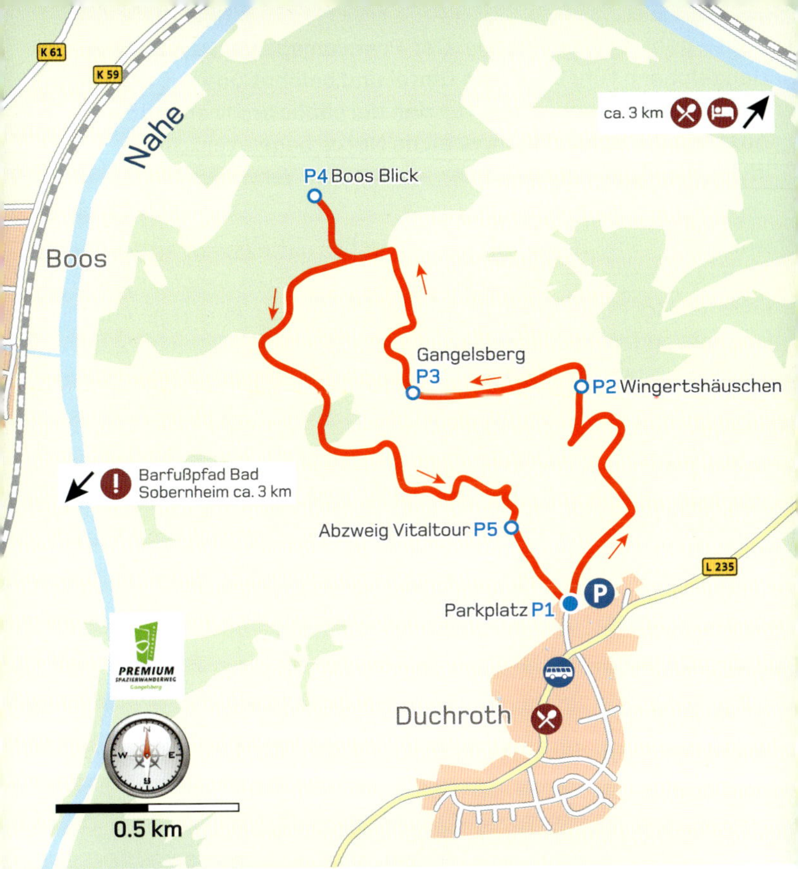
K 61
K 59
Nahe
ca. 3 km
P4 Boos Blick
Boos
Gangelsberg
P3
P2 Wingertshäuschen
Barfußpfad Bad Sobernheim ca. 3 km
Abzweig Vitaltour P5
L 235
Parkplatz P1
P
PREMIUM
SPAZIERWANDERWEG
Duchroth
0.5 km

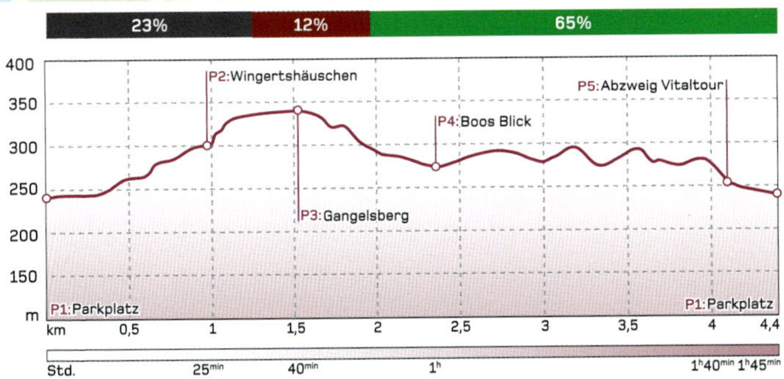
23%
12%
65%
400
350
300
250
200
150
m
P2:Wingertshäuschen
P5:Abzweig Vitaltour
P4:Boos Blick
P3:Gangelsberg
P1:Parkplatz
P1:Parkplatz
km
0,5
1
1,5
2
2,5
3
3,5
4
4,4
Std.
25min
40min
1h
1h40min 1h45min

Heute geht es hoch hinaus: Der Premiumspazierwanderweg Gangelsberg führt auf den Gipfel und belohnt uns mit atemberaubenden Panoramen für den durchaus anstrengenden Anstieg. Die abwechslungsreiche Natur begeistert, und idyllische Plätze laden immer wieder zum Verweilen ein.

Unweit des Friedhofs von Duchroth befindet sich neben einer einladenden Schutzhütte der Wanderparkplatz (1), an dem wir unsere Tour auf dem Premiumspazierwanderweg Gangelsberg beginnen.

Eine Übersichtskarte erleichtert die Orientierung und ein Wegweiser sowie das markante hellgrüne Logo schicken uns vom Parkplatz rechts auf einen Asphaltweg Richtung Weinberge. Kurz wandern wir an der Friedhofsmauer entlang, dann dürfen wir schon rechts auf einen grasigen Weg abbiegen. Diese ersten Meter bieten eine tolle Aussicht Richtung Nahetal, auch die hochaufragende Wand des Rotenfels ist zu erspähen.

Nach nur **0.3 km** stehen wir an einem Wegweiser: Hier biegen wir gemeinsam mit der Vitaltour nach links ab und folgen ihr bergan. Nun gilt es eine erste Herausforderung zu meistern, denn stramm führt die Route neben Weinbergen und Feldern aufwärts. Glücklicherweise endet der Anstieg

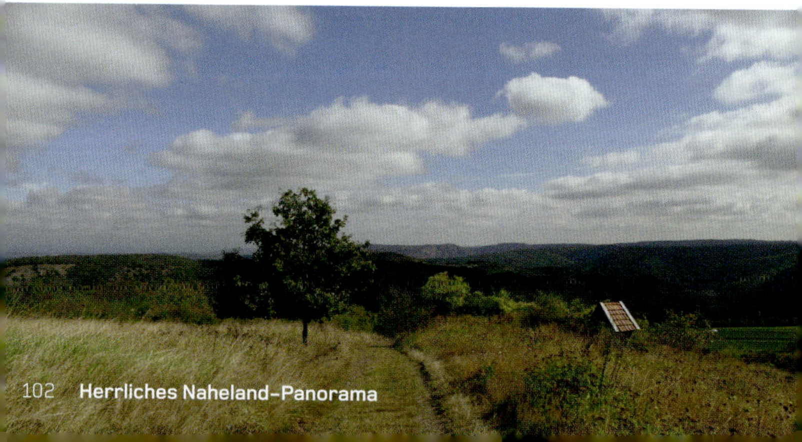

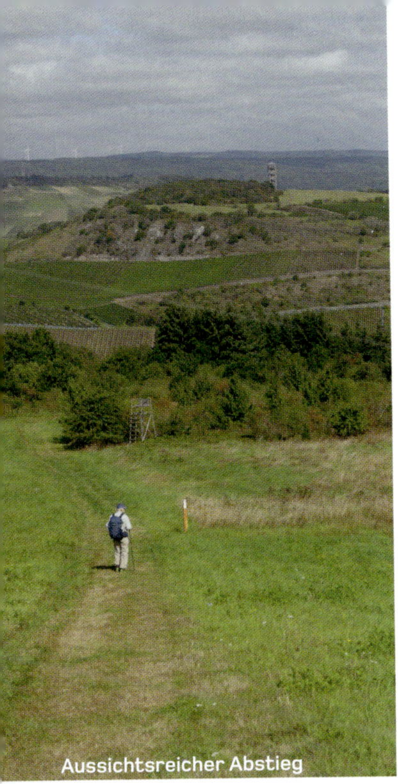

Aussichtsreicher Abstieg

bald an einem Querweg, dem wir rechts folgen. Bei bester Aussicht sind wir bereit für den nächsten Kraftakt: Wieder werden wir links steil bergan geschickt.

Schritt für Schritt machen wir Höhe gut und sind erleichtert, als wir links auf einen hangparallelen Querweg abbiegen. Wir genießen den Blick nach Duchroth und über das umgebende Hügelland. Dann stoßen wir auf einen asphaltierten Wirtschaftsweg, und wieder wird es anstrengend, denn wir wenden uns nach rechts bergan.

Aber die nächste Abwechslung dauert nicht lange: An einer Wegkreuzung lädt nach

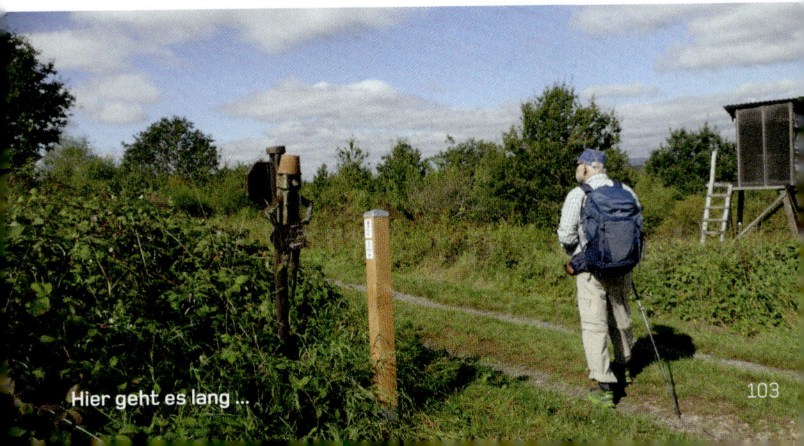

Hier geht es lang ...

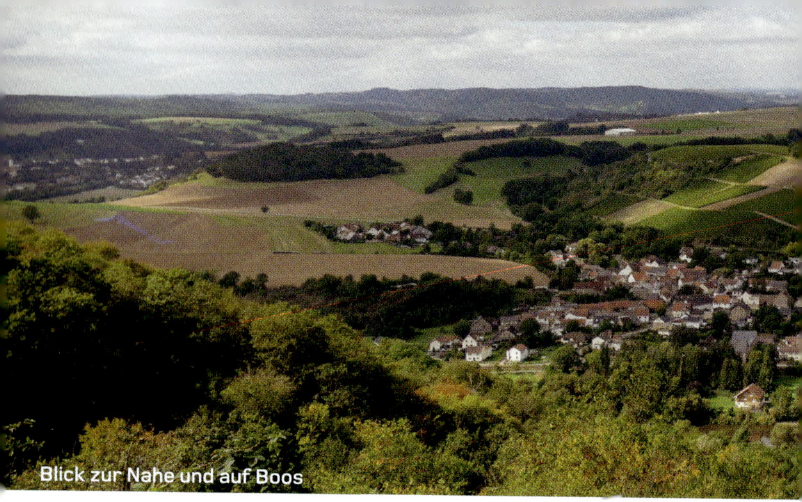

Blick zur Nahe und auf Boos

0.9 km der hübsch gestaltete Rastplatz „Willi´s Ruh" zur verdienten Pause ein. Von den Bänken aus können wir den „Baumpilz" des Künstlers Gernot Meyer-Grönhof bewundern und natürlich die tolle Sicht auf Duchroth genießen.

Mit frischen Kräften setzen wir dann den Anstieg fort. Kurz nach dem Ende des Asphalts erreichen wir das private Wingertshäuschen **(2)**, welches jedoch allen Wanderern für eine Pause offen steht und eine fantastische Aussicht auf das Nahetal, den Rotenfels und den mächtigen Lemberg bietet.

Beflügelt von diesen Eindrücken, sammeln wir unsere Kräfte und meistern den strammen Aufstieg. Nach einer Bank knickt der Weg nach links bergan, passiert das Modellfluggelände Duchroth und setzt zum finalen Gipfelsturm an. Mittlerweile sind die Weinberge von artenreichen Gehölzen verdrängt worden, und auch der nackte Fels tritt immer wieder zu Tage.

Dann ist es so weit: Der Weg flacht endlich ab, und wir erreichen das Gipfelplateau des Gangelsberges **(3)**. Was für ein Wahnsinns-Panorama: Nach **1.5 km** stehen wir auf

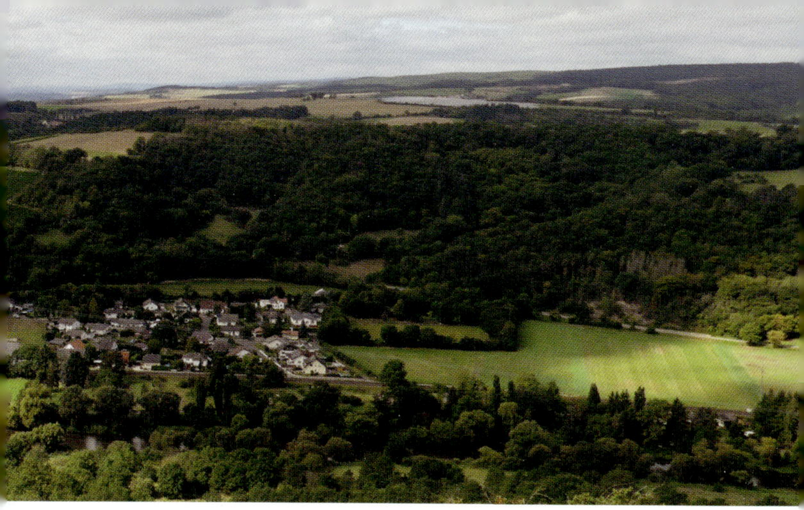

dem höchsten Punkt der Runde und genießen einen grandiosen Rundumblick. Bänke und ein beeindruckender Riesen-Steintisch bieten Platz für ein Panorama-Picknick, während eine Panoramatafel die Aussicht erläutert. Eines ist in jedem Fall klar: Der anstrengende und teilweise ziemlich steile Aufstieg hat sich trotz der Mühen wirklich gelohnt.

Beschwingt wandern wir weiter und sind von der herrlichen Natur vollends begeistert. Bald beginnt der Abstieg vom Plateau und natürlich werden wir auch dabei von einem perfekten Fernblick begleitet. Dass wir zudem auf federndem Grasboden laufen dürfen, vollendet unser Wanderglück. Mit einigen Schlenkern führt unser Weg abwärts durch die Gehölze und über die Wiesen der Hangflanke des Gangelsberges, bis wir schließlich auf einen Querweg stoßen. Hier biegen wir links ab, und kurz darauf besteht die Möglichkeit für einen Abstecher.

Natürlich wollen wir dem Booser Blick einen Besuch abstatten und halten uns daher am Wegweiser rechts. Urig windet sich der Naturweg durch dichte Gebüsche,

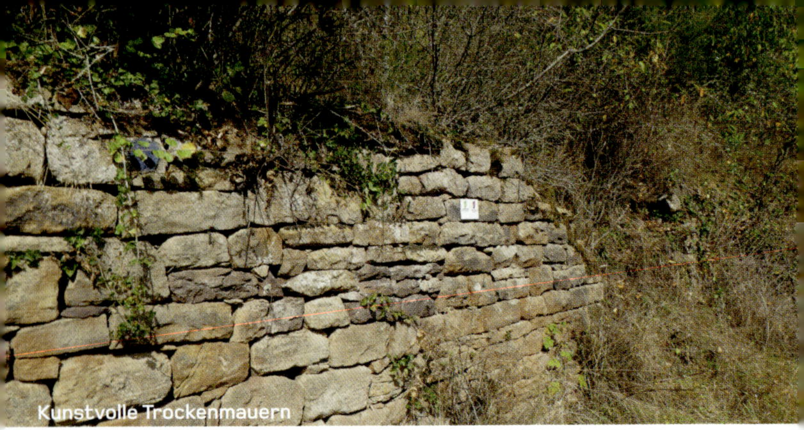

Kunstvolle Trockenmauern

bis sich das Unterholz öffnet und wir nach **2.4 km** von einer felsigen Kuppe aus einen tollen Ausblick auf das Nahetal und Boos (4) genießen können. Nach einer Rast an der Bank kehren wir zurück zum Wegweiser und setzen die Wanderung nach rechts fort.

Nun folgt Genusswandern vom Feinsten. Nah an der Hangkante umrunden wir den Gangelsberg und können dabei immer wieder das Nahetal und die Umgebung aus neuen Perspektiven in Augenschein nehmen. Auch das Wegumfeld ist sehr abwechslungsreich, immer wieder unterbrechen Gehölzpassagen die freie Aussicht. Dabei senkt sich der Weg fast unmerklich, aber kontinuierlich ab.

Wir passieren einen gemauerten Unterstand, und kurz darauf öffnet sich ein schöner Blick auf Duchroth. Kunstvolle Trockenmauern säumen unseren Wanderweg, der nun durch artenreiche Gehölze führt.

Nach einem Schlenker gelangen wir wieder an die Hangkante, wo der nächste Ausblick nebst Bank auf uns wartet. Immer wieder erläutern Tafeln Themen zur Natur-und Kulturlandschaft, und so lernen wir im Vorbeigehen auch noch Spannendes zu Flora, Fauna und Geologie.

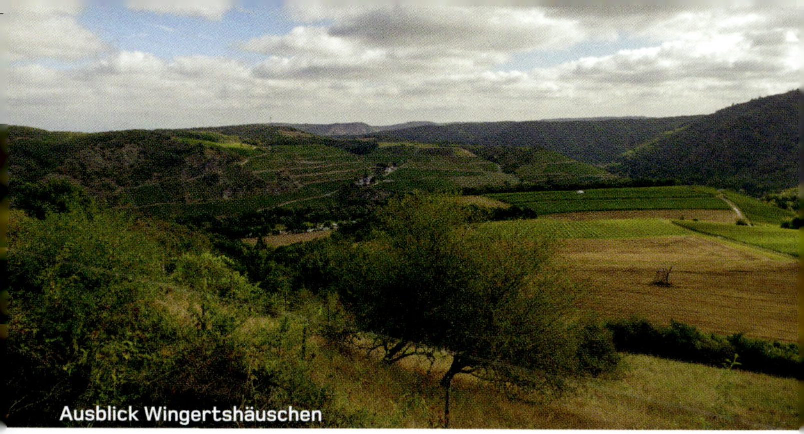

Ausblick Wingertshäuschen

Nach **4 km** erreichen wir einen Wegweiser und biegen scharf rechts auf einen neu angelegten Pfad ab. Der führt uns anfangs noch etwas holprig mit einigen Windungen abwärts und zurück in die Weinberge. So gelangen wir neben einer alten Weinpresse zu einem querenden Wirtschaftsweg. Hier nehmen wir Abschied von der bisher begleitenden Vitaltour (5), die nun rechts abbiegt. Wir wenden uns nach links und laufen auf dem Weinbergsweg gemütlich zurück nach Duchroth. Dort endet am Parkplatz (1) nach **4.4 km** diese aussichtsreiche Rundwanderung am Gangelsberg.

FAZIT

Die Runde verlangt im ersten Drittel gute Kondition. Festes Schuhwerk ist wegen des hohen Anteils an Naturwegen wichtig. Unterwegs gibt es kaum Deckung vor Sonne, Wind oder Regen, daher sollte man auf entsprechende Kleidung und Ausrüstung achten.

Schlüsselstellen: Der Anstieg auf den Gangelsberg ist streckenweise recht steil. Einige der Graswege können bei Nässe rutschig sein. Auch der Pfad bei km 4 ist anspruchsvoll.

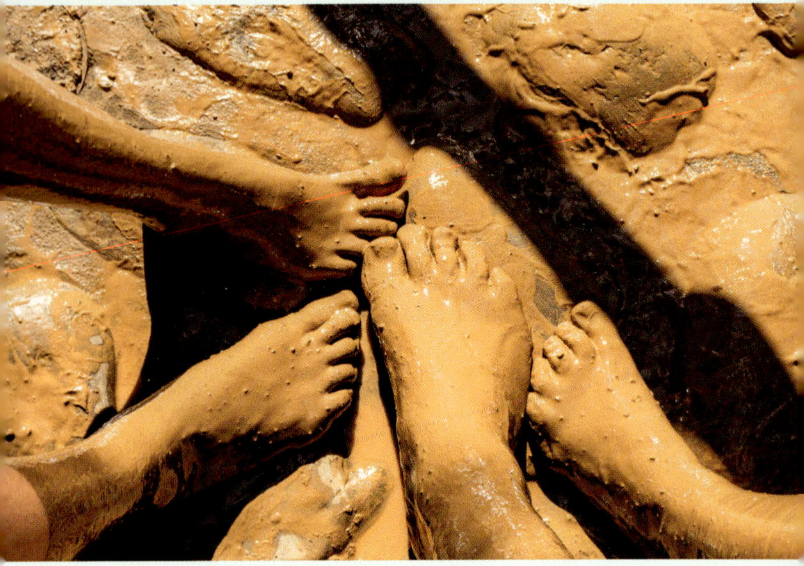

Sensibilisierung für die Sinne

Auf einer Länge von 3.5 km geht es über verschiedenste Untergründe wie Lehm, Sand, Gras, Mulch oder Kies. Abwechslung wird auf Deutschlands ältestem Barfußpfad ganz großgeschrieben. Die Höhepunkte sind das Lehmstampfbecken (kurze oder krempelbare Hosen sind hier vorteilhaft) und die Querung der Nahe. Mutige laufen nicht über die Brücke sondern mit Seilsicherung durch die Furt und auf dem Rückweg hat man die Wahl zwischen einem Floß oder der Hängebrücke. Neben der reichhaltigen Sinneserfahrung kann man auf dem Barfußpfad aber auch was lernen: Der Geologiepfad bringt die Erdgeschichte der Region spielerisch näher, denn natürlich ist das Anfassen der Steine Programm! Anschließend lädt der Nahegarten zur entspannten Einkehr ein.
Der Barfußpfad ist vom 1. Mai bis zum 3. Oktober geöfffnet.
Infos: Barfußpfad Bad Sobernheim, Staudernheimer Str. 90, 55566 Bad Sobernheim, ✆ 06751/8569292, ⓦ www.barfusspfad.com

Touristinformation der VG Rüdesheim, Nahestraße 63, 55593 Rüdesheim, 0671/371-203, www.vg-ruedesheim.de

Gasthaus Zum Nahetal, Am Stausee 19, 55585 Niederhausen, 06758/6703,
- *Dorfladen Schweitzer, Obere Wassergasse 1, 55585 Duchroth, 06755/962302*

Landhotel Niederthäler Hof, Niederthäler Hof 1, 55596 Schloßböckelheim, 06758/969391, www.landhotel-niederthaeler-hof.de

Camping Nahetal, Bahnhofstr. 34, 55585 Oberhausen an der Nahe, www.camping-nahetal.de, 06755/96001

Ab Bad Kreuznach gelangt man mit der Buslinie 253 nach Duchroth. www.rnn.info

Taxi Felkebad, Königsberger Str. 60, 55566 Bad Sobernheim, 06751/9496436

Hunde können den Weg problemlos laufen. Unterwegs gibt es kein Wasser.

Premium-Wanderwege in der Nähe:

- *Vitaltour Gangelsberg, Duchroth Länge:* **14.8 km**

11 Fischbacher Kupferspuren

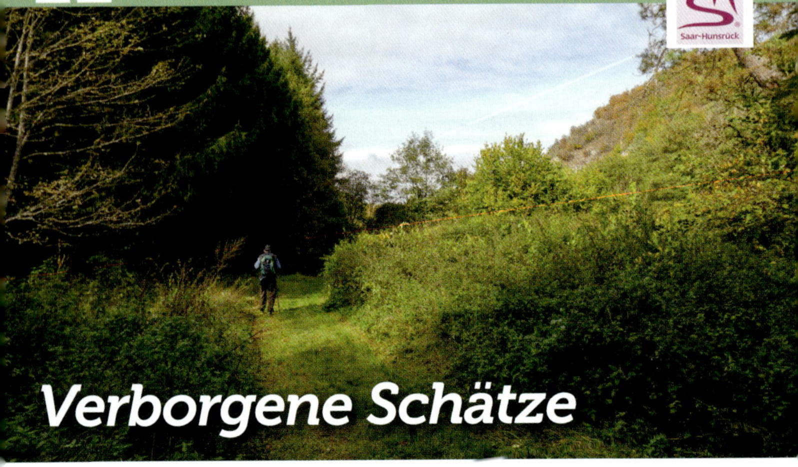

Verborgene Schätze

3.8 km	1h30h	151 ↑↓	368 ▲	316 ♀ 371 ♂	SWP111X2

Start/Ziel: Parkplatz an K 30, Kupferbergwerk Fischbach

Anfahrt: Aus dem Nahetal (B 41) über die L 160 nach Fischbach, weiter auf der K 30 bis zur Beschilderung Kupferbergwerk

Parken: am Kupferbergwerk
N49° 45' 14.6'' • E7° 22' 56.9''

scan to go®

Besondere Empfehlung für einen Ausflug mit Kindern

Wegpunkte:

P1 Historisches Kupferbergwerk
32 U 383455 5512579

P2 Tripelpunkt
32 U 383175 5512639

P3 Sinnesbank & Aussicht
32 U 382646 5513010

P4 Abzweig Tagesbruch
32 U 382862 5512607

P5 Sinnesbank
32 U 382932 5512469

P6 Aussicht
32 U 383261 5512179

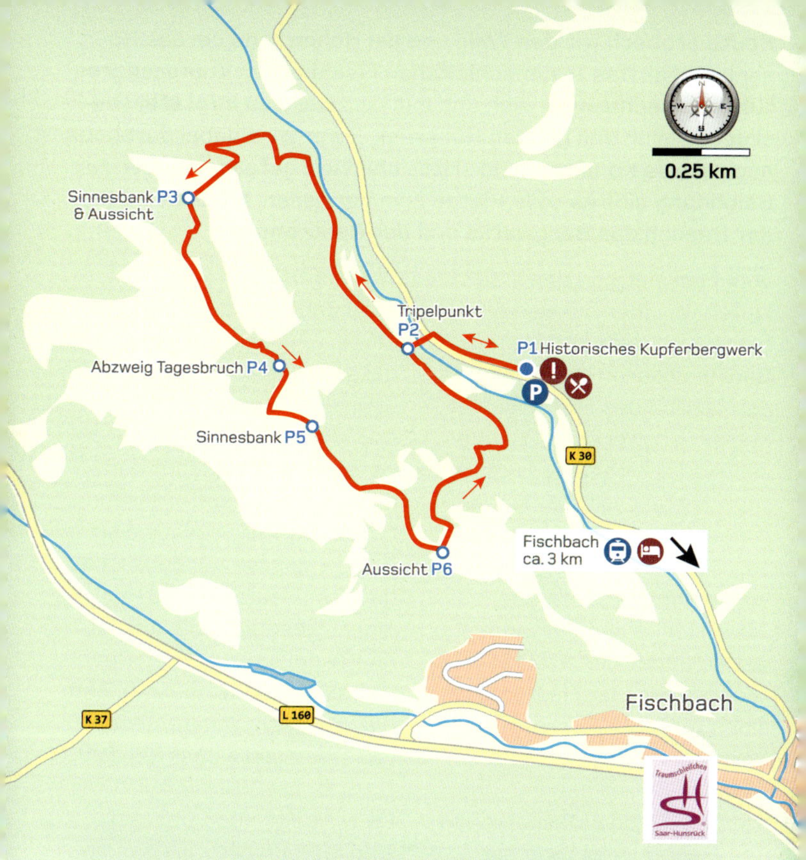

0.25 km
Sinnesbank P3
& Aussicht
Tripelpunkt
P2
P1 Historisches Kupferbergwerk
Abzweig Tagesbruch P4
Sinnesbank P5
Aussicht P6
K 30
Fischbach
ca. 3 km
Fischbach
K 37
L 160
Traumschleifchen
Saar-Hunsrück

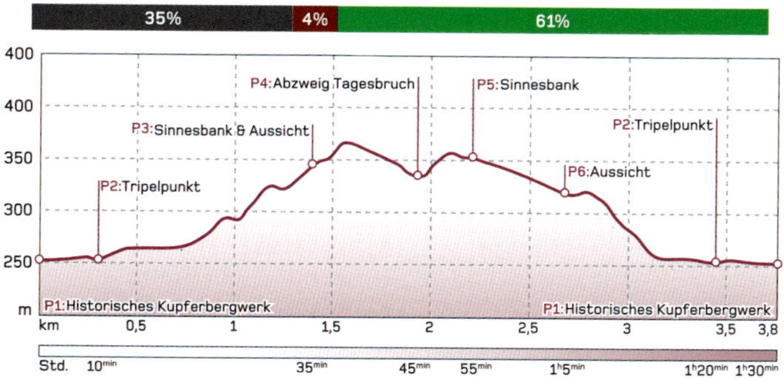

35%
4%
61%
400
400
350
300
250
m
P4:Abzweig Tagesbruch
P5:Sinnesbank
P3:Sinnesbank & Aussicht
P2:Tripelpunkt
P2:Tripelpunkt
P6:Aussicht
P1:Historisches Kupferbergwerk
P1:Historisches Kupferbergwerk
km
0,5
1
1,5
2
2,5
3
3,5
3,8
Std.
10min
35min
45min
55min
1h5min
1h20min
1h30min

Heute erobern wir den Wald und die Höhen rund um das Hosenbachtal. Das Traumschleifchen Fischbacher Kupferspuren führt abwechslungsreich und mit kurzweiligen Infotafeln bestückt durch den grünen Hunsrück. Zwar wird dabei durchaus auch etwas Kondition und Trittsicherheit gefordert, aber zur Belohnung gibt es tolle Plätze zum Verweilen. Am Ende locken der Besuch des Bergwerks und der Gastronomie.

Vom Parkplatz an der K 30 laufen wir über die wenig befahrene Straße und stehen zu Beginn unserer kurzen Runde am Pavillon des Historischen Kupferbergwerks (1). Ein Besuch lohnt sich unbedingt und kann perfekt mit der Wanderung kombiniert werden.

Wir wollen zunächst das Traumschleifchen erkunden, lassen daher den Pavillon rechts liegen und laufen über einen weiteren Parkplatz zum Portal der Fischbacher Kupferspuren. Hier nehmen uns auch die beiden Maskottchen des Weges, Geisti und die Fledermaus Kupfi unter ihre Fittiche. Vorbei an einer Lore folgen wir dem Pfad neben der K 30 zu einer ersten Infotafel. Kupfi-Maus und Geisti weisen auf den Christiansstollen hin, dessen Eingang sich wenige Meter oberhalb im Gebüsch verbirgt.

Wir laufen weiter auf dem Pfad und passieren bald die ersten Felsen des Tages. Kurz darauf schicken uns die Logos über die K 30. Aufmerksam und vorsichtig queren wir die Straße und laufen auf der anderen Seite auf breitem Forstweg weiter. Über eine Brücke queren wir den Hosenbach und laufen geradeaus an einer Wiese entlang zum nahen Tripelpunkt (2) der Runde. Hier erfahren wir nach **0.3 km** auf der nächsten Infotafel das Wichtigste über Kupfer.

Da wir gegen den Uhrzeigersinn laufen sollen, weisen uns die Pfeile auf den Logos den Weg nach rechts. Gemeinsam mit den Zuwegen zum Saar-Hunsrück-Steig und zur Traumschleife Kupfer-Jaspis-Pfad widmen wir uns also dem Waldweg, der zunächst noch sanft ansteigend zwischen Hochwald und

Waldwiese durch das Hosenbachtal führt. Bald hüllt uns das schummrige Grün des Waldes ein und sorgt für eine tolle Atmosphäre. Und schon stehen wir vor der nächsten Tafel, bei der es diesmal ums Thema Trockenmauern geht.

Wir setzen den noch immer kaum spürbaren Anstieg im Wald fort und freuen uns, als nach **0.6 km** neben der Tafel über die Grube Neue Hoffnung eine Bank parat steht. Im weiteren Verlauf sind es aber nicht nur Relikte des Bergbaus, die unsere Aufmerksamkeit auf sich ziehen, sondern auch immer wieder herrlich große, uralte Baumveteranen am Wegesrand.

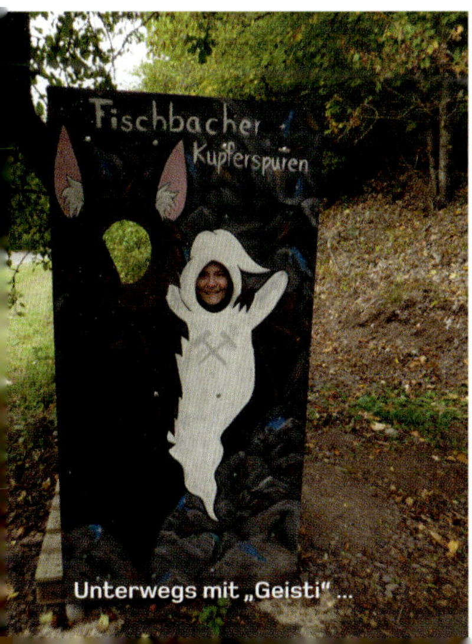

Unterwegs mit „Geisti" ...

So treffen wir nach **0.9 km** am Holzportal des Kupfer-Jaspis-Pfades ein. Ein Rastplatz steht zur Pause bereit und ein Schild weist auf den Wasserfall hin. Wer also mag, kann hier einen kurzen Abstecher nach rechts einlegen, bevor es zusammen mit dem Saar-Hunsrück-Steig und dem Hildegard-von-Bingen-Pilgerwanderweg links recht stramm bergan geht. Zum Glück dauert diese erste steile Passage nicht lang, denn mit einigen Stufen erreichen wir einen Querweg, dem wir uns nach rechts anvertrauen und der nun deutlich moderater an Höhe gewinnt.

Nun wandern wir durch ein Spalier dünner Haselnussgerten, die sich wie ein grüner Halbbogen über den Weg spannen. An einer Linkskurve wird es wieder anstrengend. Mit knackiger Steigung führt unser Traumschleifchen durch den nun lichten Hochwald. Schritt für Schritt streben wir bergan und atmen auf, als der Pfad nach einem weiteren Linksknick etwas flacher wird. Durch herrlichen Laubmischwald gelangen wir zur nächsten Tafel, die uns die Bedeutung des Holzes im Bergbau erläutert.

Passenderweise lassen wir den Hochwald nun hinter uns und wandern durch ginstergesäumte Wiesen wieder stramm aufwärts. Welch ein Glück, dass am Ende des Steilstücks nach **1.4 km** am Waldrand eine urbequeme Sinnesbank **(3)** mit schönem Talblick und ein Rastplatz zum Verschnaufen auf uns warten! Das lassen wir uns natürlich nicht entgehen ...

Mit frischen Kräften setzen wir die Wanderung fort und tauchen unter das Blätterdach des Waldes ein. Doch aufgepasst: Nur wenige Meter später biegen wir an einem Wegweiser des Saar-Hunsrück-Steigs rechts ab und folgen einem urigen Pfad bergan. Immer wieder helfen Stufen, kniffelige Passagen zu absolvieren, dennoch sind auf diesem Wegstück Trittsicherheit und passendes Schuhwerk wichtig. Stetig gewinnen wir an Höhe, bis schließlich die Waldkulisse aufreißt und uns nach kurzer Heckenpassage auf die offene Wiesen des Plateaus entlässt. Was für ein toller Szenenwechsel. Nun können wir erstmals den Blick in die Ferne schweifen lassen, und auch das Laufen auf dem federnden Grasboden sorgt für Hochstimmung. Wir folgen dem Wiesenrand, bis wir nach **1.8 km** erneut in den Wald eintauchen.

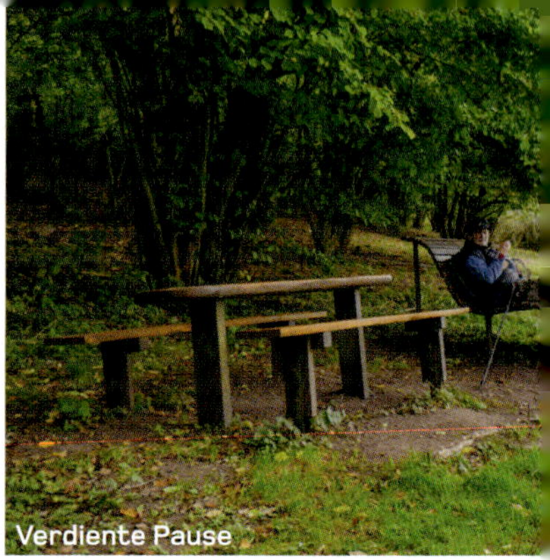

Verdiente Pause

Schmal und verschlungen und bald auch stramm abwärts führt das Traumschleifchen nun durch den von Eichen dominierten Wald. Geländer verdeutlichen uns, dass es

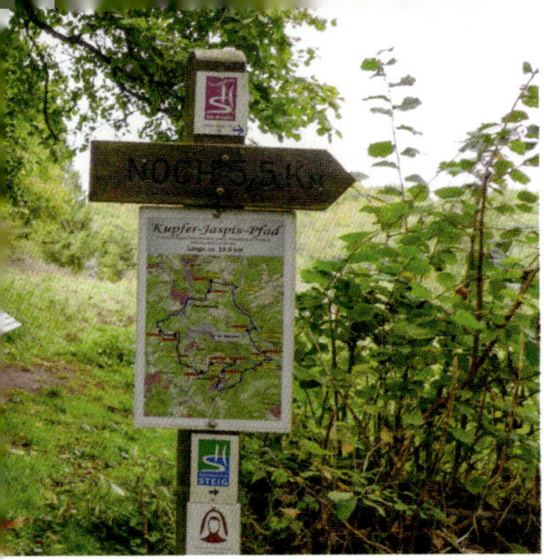

rechts eine Steilwand gibt, und so achten wir penibel darauf, dem Pfad treu zu bleiben, der bei Nässe durchaus herausfordernd sein kann. Schließlich erreichen wir den tiefsten Punkt, an dem eine Bank und die nächste Infotafel auf uns warten.

Wir befinden uns am Abzweig in den Tagebruch **(4)**. Wer mag, kann rechts die Treppe hinunter in die alte Abbaustätte nehmen und dort am Rastplatz, in herrlicher Stille, Pause machen. Tatsächlich befand sich hier ursprünglich die Grube Birfinck. Diese stürzte allerdings 1592 ein, was dazu führte, dass man den Erzabbau im Tagebau fortsetzte.

Nach diesem geologisch beeindruckenden Abstecher folgen wir dem Pfad nun wieder bergan. Bald weichen die Hecken zurück, und wir erobern durch offenes Grasland die letzten strammen Meter hinauf zu einem Querweg. Dort empfängt uns ein Wegweiser des Saar-Hunsrück-Steigs, und wir wenden uns nach links. Der befestigte Weg verläuft fast eben und führt uns nach **2.2 km** zu einer einladenden Sinnesbank mit Talblick **(5)**.

Während der Saar-Hunsrück-Steig einen Exkurs nach rechts bergan unternimmt, bleiben wir auf dem höhenparallelen Weg und freuen uns am entspannten Wandern durch Wiesen und Gebüsche. Wir passieren eine Infotafel zu Hildegard von Bingen, die aus der Region stammt und lange im nahen Kloster Disibodenberg lebte und wirkte.

Bald gesellt sich der Saar-Hunsrück-Steig noch einmal zu uns, und wir genießen weiterhin das beschwingte Wandern durch die abwechslungsreiche Landschaft.

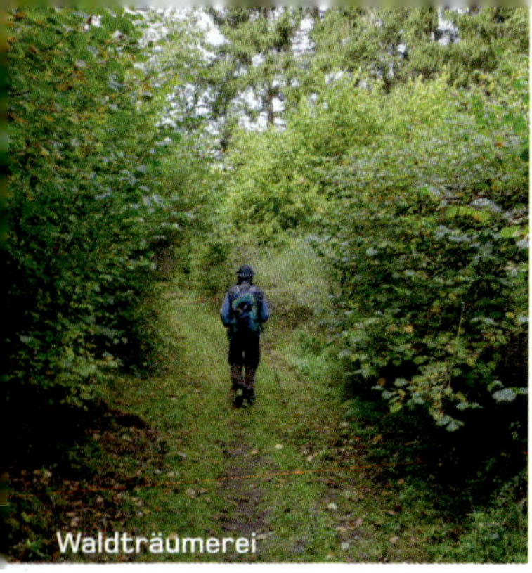

Waldträumerei

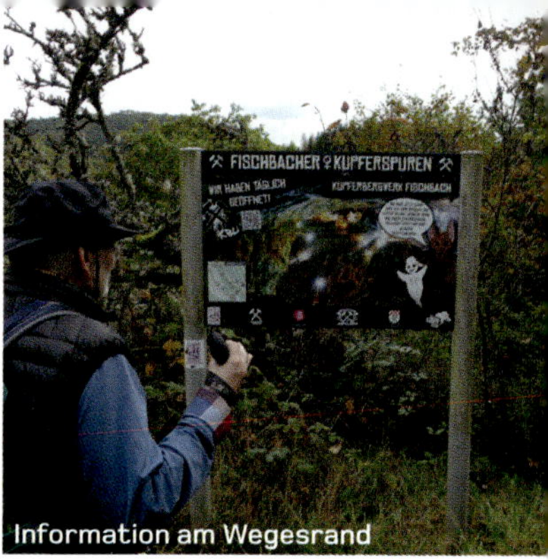

Information am Wegesrand

Eine weitere Tafel widmet sich den Werkzeugen und der Kleidung beim mittelalterlichen Bergbau. Dann taucht unser Weg kurzzeitig wieder in den Wald ein, und wir freuen uns über den Schatten und spüren, dass es sanft abwärts geht. Doch schon rückt wieder eine Wiese an den linken Wegesrand, und wir erhaschen kurze Fernblicke Richtung Nahetal.

Schließlich erreichen wir nach **2.7 km** eine Wegkreuzung. Hier verabschieden sich die bisher begleitenden Wege nach rechts, wir aber biegen scharf links ab. Bevor wir den Abstieg ins Hosenbachtal beginnen, informiert eine Tafel über das Bergbaudorf Fischbach, und Bänke laden zum Ausschauhalten ein **(6)**.

Kurz laufen wir noch über die Wiese, bewundern die Aussicht bis zur Nahe, dann biegen wir links ab. Hecken säumen den Grasweg, bis erst einzelne, dann immer mehr Bäume an den Wegesrand heranrücken und wir schließlich in den Wald eintauchen.

Nach bereits deutlichem Abstieg schicken uns die Logos plötzlich scharf nach rechts auf einen Pfad. Der führt uns gewunden und teils recht steil (Vorsicht bei Nässe!) talwärts. Erleichtert atmen wir auf, als wir den strammem Höhenverlust beenden und nach einem Linksknick wieder auf den

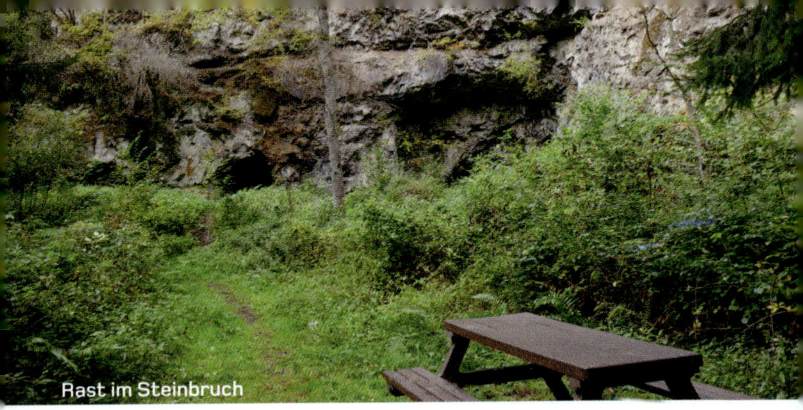

Rast im Steinbruch

breiten Waldweg stoßen. Der führt uns nur noch gemächlich talwärts, und noch einmal sorgen dichte Junggehölze für eine urige Atmosphäre.

Wir passieren eine letzte Infotafel zum „Versteckten Bergwerk" und treffen kurz darauf nach **3.5 km** wieder am Tripelpunkt **(2)** ein. Hier biegen wir rechts ab, queren den Hosenbach und gleich danach die Straße und wenden uns rechts erneut dem Pfad neben der K 30 zu. Vorbei an den Felsen und dem Christiansstollen erreichen wir nach **3.8 km** wieder den Pavillon des Kupferbergwerks **(1)**.

Nun haben wir die Wahl, eine Führung zu machen oder erst mal in der nahen Gastronomie die Wanderung ausklingen zu lassen.

FAZIT

Der Weg verlangt etwas Kondition und Trittsicherheit. Wegen des Naturweganteils und der An- und Abstiege sind feste Wanderschuhe und Wanderstöcke zu jeder Jahreszeit sinnvoll.

Schlüsselstellen: Der Weg geht vor allem in der ersten Hälfte stramm bergan. Pfade und die Abstiege beim Tagebau und zurück ins Tal fordern bei Nässe gute Trittsicherheit.

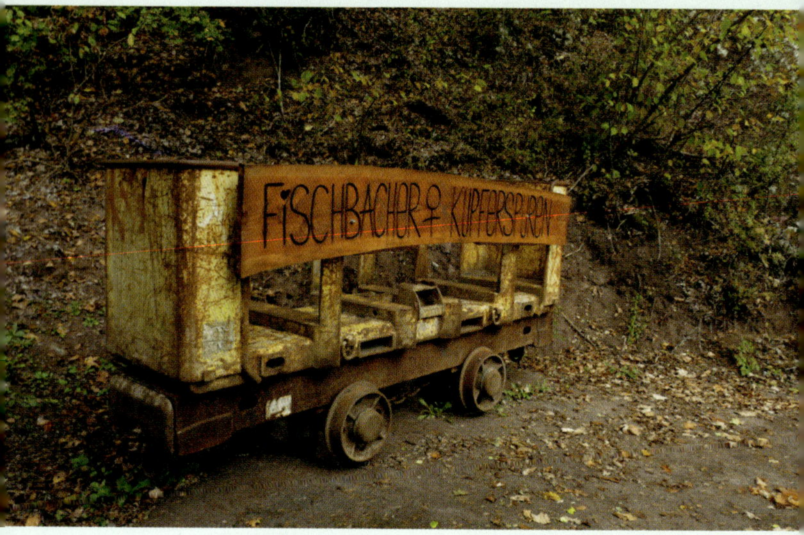

Auf der Fährte des roten Goldes

Bis ins hohe Mittelalter reichen die Anfänge des Kupferbergbaus am Hosenberg in Fischbach zurück. Zwar konnte die Grube in Fischbach es in der Quantität nicht mit anderen europäischen Lagerstätten aufnehmen, doch die Qualität des Kupfererzes aus Fischbach war unerreicht gut. So war das Kupfer aus Fischbach bald ein begehrter Rohstoff. In den Wirren des 30-jährigen Krieges wurde der Bergbaubetrieb eingestellt, erst 1697 konnten die Bergleute wieder einfahren. 1792 wurde der Kupferabbau eingestellt. Noch heute lagern gut 72.000 Tonnen Kupfererz in der Region, die aber aufgrund der heutigen Marktsituation als nicht abbauwürdig eingestuft sind.Im Bergwerk herrschen konstant 11° C, festes Schuhwerk und angemessene Kleidung sind wichtig. Öffnungszeiten: 1.3. bis 31.10. von 10 bis 17.30 Uhr, vom 1.11. bis 28.2. von 11 bis 14.30 Uhr . Historisches Kupferbergwerk Fischbach, Hosenbachstraße, 55743 Fischbach/Nahe, ✆ 06784/2304, ⓘ www.besucherbergwerk-fischbach.de

Tourist-Info EdelStein-Land, Hauptstr. 419, 55743 Idar-Oberstein, ✆ 06781/64871, Ⓘ www.edelsteinland.de ▪ Tourist-Info EdelSteinLand, Brühlstr. 16, 55756 Herrstein, ✆ 06785/791400, Ⓘ www.edelsteinland.de

Kupferstube, Hosenbachstr. 17a, 55743 Fischbach, ✆ 06784/9037073 ▪ Restaurant Blaue Grotte, Staufenbergstr. 4, 55784 Fischbach, ✆ 06784/2392, Ⓘ www.blaue-grotte.org

Pension Anni, Am Schindberg 20, 55743 Fischbach

Wohnmobilstellplatz Fischbach-Nahe, Marktstraße, 55743 Fischbach, ✆ 0173/3101988, Ⓘ www.wohnmobilparkfischbach-nahe.de

Bis Fischbach gelangt man mit der Bahn (Regionalverkehr). Ab dem Bahnhof Fischbach gibt es einen ca. 3 km langen Zuweg zur Kupfergrube. Ⓘ www.rnn.info

Taxenbetrieb Schwenn, Hauptstr. 229, 55743 Idar-Oberstein, ✆ 06781-44911 ▪ Taxen- u. Lotsendienst e.V., Bahnhofstr., 55743 Idar-Oberstein, ✆ 06781-22240 oder -24379 oder 25050 ▪ Taxi Allmang GmbH, Mainzer Straße 145, 55743 Idar-Oberstein ✆ 06781/219121 oder -22478

Die Wegstrecke weist keine unüberwindbaren Hindernisse für Hunde auf. Unterwegs gibt es allerdings keinen Zugang zu Wasser.

Premium-Wanderwege in der Nähe:

- Saar-Hunsrück-Steig, Perl bis Boppard, Länge: **410 km**
- Traumschleife Kupfer-Jaspis-Pfad, Länge: **19.2 km**
- Traumschleife Mittelalterpfad, Herrstein, Länge: **8.2 km**

12 Butzel-Kewes-Weg

Traumschleifchen Saar-Hunsrück

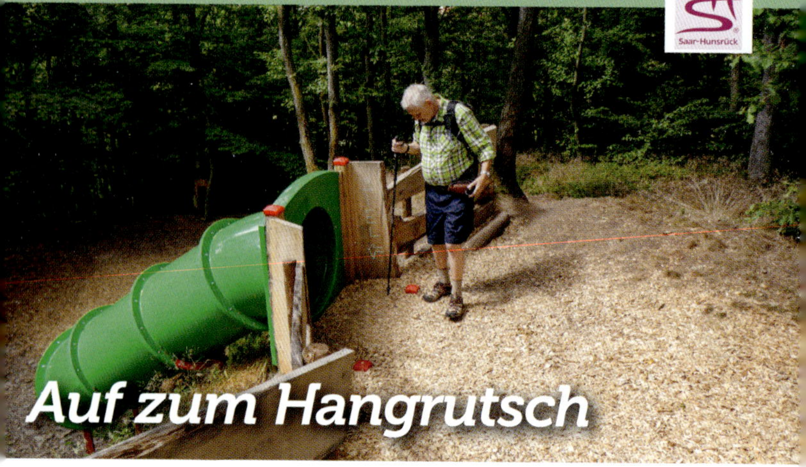

Auf zum Hangrutsch

5.2 km	1h45h	109 ↑ ↓	534	447 – 525	SWP112X1

Start/Ziel: Wanderparkplatz Gonzerath, Hauptstraße

Anfahrt: Hunsrückhöhenstraße (B 327) bis Morbach, B 269 nach Gonzerath zum Parkplatz. Alternativ: B 50, Abfahrt Kommen auf B 269 nach Gonzerath.

Parken: Parkplatz Gonzerath,
N49° 51' 19.9'' • E7° 06' 55.9''

scan to go®

Besondere Empfehlung für einen Ausflug mit Kindern

Wegpunkte:

P1 Parkplatz Gonzerath
32 U 364545 5524272

P2 Tripelpunkt
32 U 364678 5524057

P3 Schackberg
32 U 364764 5523992

P4 Wederather Kreuz
32 U 365504 5524524

P5 Schaukelbank
32 U 365997 5524251

P6 Waldspielplatz
32 U 365878 5523658

P7 Wasserspielplatz
32 U 364667 5523950

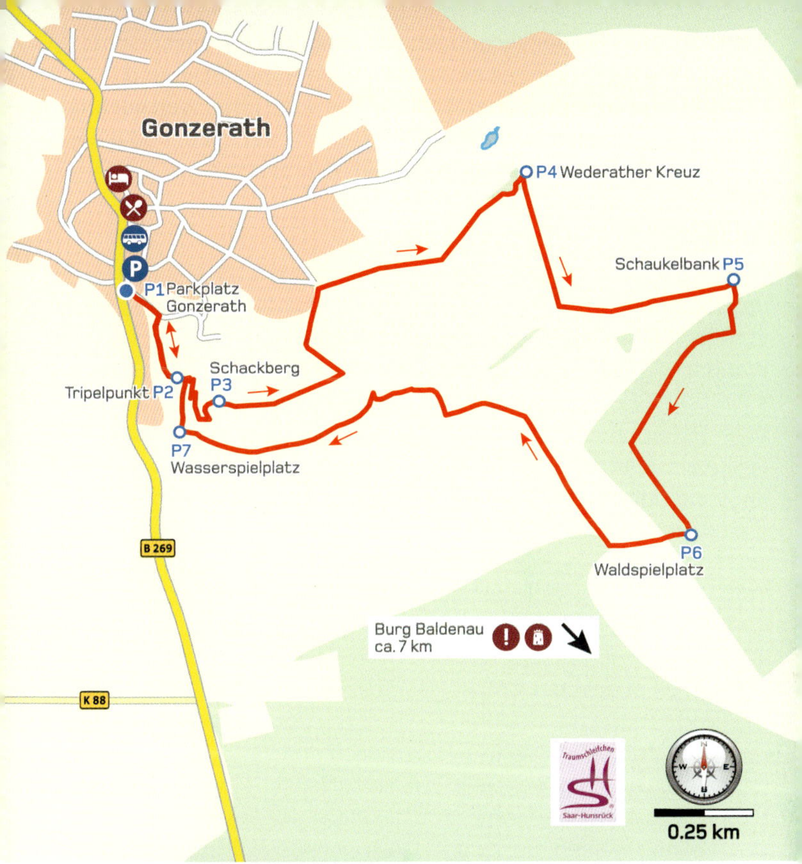
Gonzerath
P1 Parkplatz Gonzerath
Tripelpunkt P2
Schackberg P3
P4 Wederather Kreuz
Schaukelbank P5
P6 Waldspielplatz
P7 Wasserspielplatz
B 269
K 88
Burg Baldenau ca. 7 km
Traumschleifchen Saar-Hunsrück
0.25 km

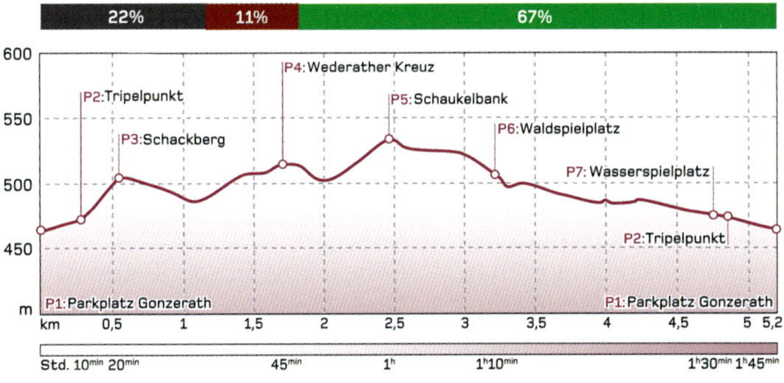
22%
11%
67%
600
550
500
450
m
P1: Parkplatz Gonzerath
P2: Tripelpunkt
P3: Schackberg
P4: Wederather Kreuz
P5: Schaukelbank
P6: Waldspielplatz
P7: Wasserspielplatz
P2: Tripelpunkt
P1: Parkplatz Gonzerath
km 0,5 1 1,5 2 2,5 3 3,5 4 4,5 5 5,2
Std. 10min 20min 45min 1h 1h10min 1h30min 1h45min

Ein Weg, der Wandervergnügen für Jung und Alt verspricht: Schöne Rastgelegenheiten, wunderbare Aussichten und pfiffige Mitmachstationen von der Rutsche über Weitsprung, Balancierbrücke bis zum Wasserspielplatz versprechen einen perfekten Familienausflug mit vielen Erlebnissen auf kurzer Runde.

Mitten in Gonzerath, am Wanderparkplatz an der Hauptstraße (1), beginnen wir die Wanderung auf dem Traumscheifchen Butzel-Kewes-Weg. Schon am Parkplatz erläutert eine Tafel die Bedeutung der Worte: „Butzel = Kind" und „Kewes = Kopf" lassen sich also in „Kindskopf-Weg" übersetzen. Soll hier das Kind im (erwachsenen) Menschen geweckt werden? Wir werden es ausprobieren ...

Zunächst folgen wir dem asphaltierten Weg Richtung Sportplatz sanft bergan. Doch schon weisen markante Logos mit Pfeilen den Weg über die Wiese zu einem weiteren Portalbogen. Wir durchschreiten das Tor und folgen dem Naturweg zwischen Sportplatz und Bachtal durch ein erstes kurzes Waldstück. Nach einer Linkskurve öffnet sich links der Blick über das Sportareal, und wenige Meter später haben wir nach **0.3 km** den Tripelpunkt (2) der Runde am Fuß des Schackberges erreicht. Hier werden wir am Ende der Tour wieder ankommen.

Wir wandern im Uhrzeigersinn, und so steht nun die Eroberung des Schackberges an. Forschen Schrittes wenden wir uns also leicht links dem Tor zum Schackberg zu und nutzen den Serpentinenpfad durch den Wald, um durch die Hangflanke Höhe zu gewinnen. In einer der Kurven sehen wir voraus ein Holzschild „Hangrutsch".

Was hat es denn damit auf sich? Neugierig laufen wir zum Schild, hinter dem sich eine kleine Lichtung öffnet. Dort sehen wir eine große grüne Röhre: Eine Rutsche endet hier! Zumindest die jungen

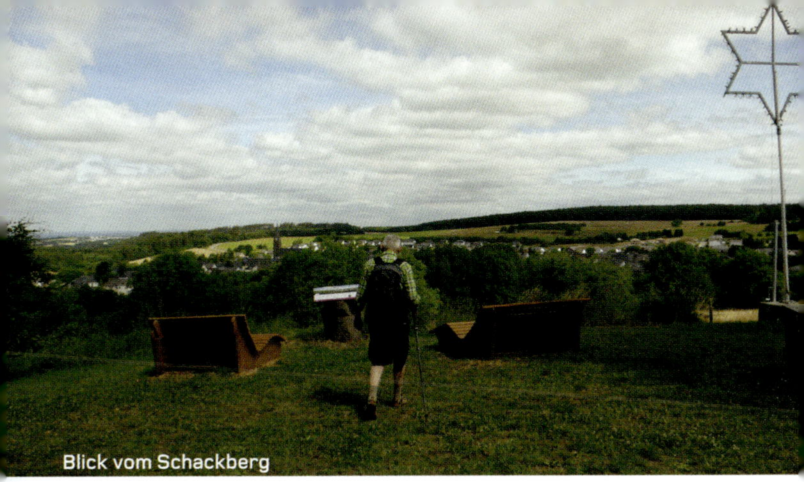

Blick vom Schackberg

Wanderer sind nun kaum mehr zu halten, denn sie wollen die Rutsche natürlich ausprobieren. Also wenden wir uns wieder dem Traumschleifchen zu, das uns flugs den Berg hinauf und an den Waldrand führt.

Oben auf dem Schackberg (3) gibt es nach **0.6 km** für alle etwas. Eine schöne Aussicht, die auch noch auf einer Tafel erläutert wird, und die man von zwei herrlich bequemen Holzliegen aus genießen kann. Etwas weiter hinten dann zwei gemütliche Rastplätze im Schatten und - endlich - den Einstieg in besagte grüne Rutsche. Vor allem die jungen Wanderer werden hier wohl so manche Zusatzrunde absolvieren ... Währenddessen können die „Großen" dank einer Infotafel weitere Jenisch-Wörter kennenlernen.

Schließlich sind alle bereit, die Wanderung fortzusetzen. Dazu weisen die Logos auf einen Feldweg, der uns vom Wäldchen des Schackberges nun in die offene Flur führt. Friedlich grasen Rinder auf den Weiden und beäugen uns neugierig, während wir in eine Senke laufen. Dort schickt uns ein Wegweiser links auf einen Asphaltweg. Wir nähern uns noch einmal dem Rand von Gonzerath, biegen in einer Kurve rechts ab und passieren an einem Stall die Tafel von **Kilometer 1**. Kurz darauf stehen wir am Ortsrand an einer Weggabelung.

Hier halten wir uns rechts und wandern nun auf befestigtem Weg stetig, aber gemächlich bergan. Hecken säumen den Wegesrand und spenden etwas Schatten. An einem Querweg behalten wir die Richtung bei und können nun den Blick frei über Felder und Weiden schweifen lassen. Bald führt unser Weg an einer Pferdekoppel entlang, und manchmal begleiten uns die ungestümen Vierbeiner in munterem Trab.

Am Ende der Koppel folgen wir dem Grasweg weiter bergan, bald begleitet uns dabei auf der rechten Seite wieder ein Gehölz. Nach **1.6 km** erwartet uns die nächste Überraschung: Ein Schild mit der Aufschrift „Bärwespeedsche" weist nach rechts und wir tauchen nun rechts ins Gehölz ein. Doch das Traumschleifchen verläuft hier nicht nur pfadig durch uriges Grün, es

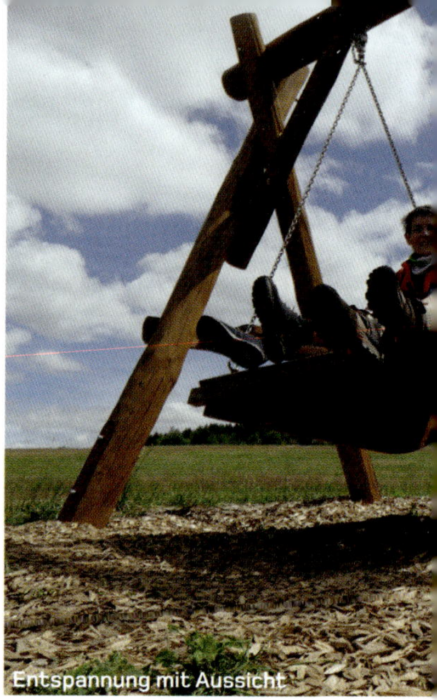
Entspannung mit Aussicht

wandelt sich zum Barfußpfad und animiert uns zu neuen Wahrnehmungen mit bloßen Fußsohlen.

Wir erfühlen also den Unterschied von Mulch, Sand, Holzstämmen, Kies, Tannenzapfen oder Baumscheiben und sind nun um eine tolle Erfahrung reicher, als wir nach nur knapp 60 m das Ende des Barfußpfades erreichen und das Gehölz wieder verlassen. Auch diese Attraktion könnte zu

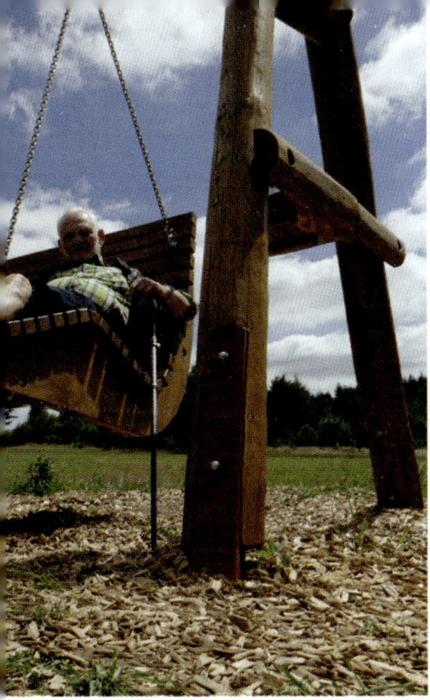

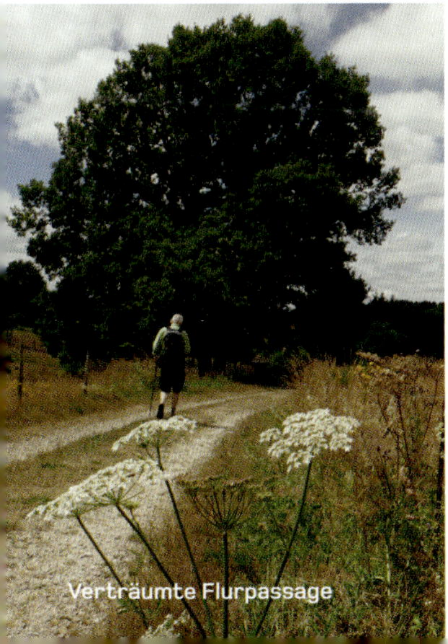

Verträumte Flurpassage

Verzögerungen führen, wenn einige Mitwanderer die Erfahrung vertiefen und eine zweite Runde laufen wollen. Doch das ist kein Problem, denn nur wenige Meter oberhalb lädt am Wederather Kreuz (4) ein schattiger und aussichtsreicher Rastplatz zur Pause ein.

Nach der Rast setzen wir die Tour fort, ein Wegweiser schickt uns über einen Feldweg sanft bergab. Neben uns wogen die Felder, während wir den Blick schweifen lassen und uns einem unscheinbaren Bachtal nähern. Dort angelangt, passieren wir die **Kilometertafel 2** und wenden uns nach links. Auf herrlichem Grasweg gilt es nun dem kaum sichtbaren Bachlauf zu folgen und dabei wieder etwas Höhe zu gewinnen.

Schritt für Schritt nähern wir uns der Kuppe, und nach **2.5 km** ist es dann so weit: Wir haben sie erreicht und freuen uns riesig über die tolle Panorama-Schaukelbank (5). Sofort nehmen wir sie in Beschlag und genießen beim sanften Schaukeln die Aus-

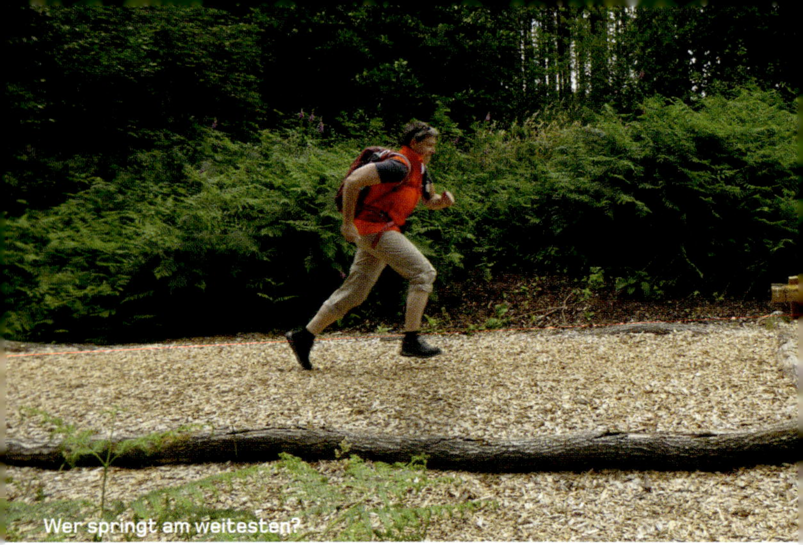
Wer springt am weitesten?

sicht über die Hunsrückhöhen. Wer auf der Schaukelbank keinen Platz findet, für den steht noch ein normaler und ein besonderer, etwas niedrigerer Kinder-Rastplatz bereit. Es gibt auch eine weitere „Jenisch"-Tafel, mit deren Hilfe wir unseren Wortschatz erweitern können, und wenige Schritte nach rechts summt und brummt es auf der Wildblumenwiese nebst großem Insektenhotel.

Eine knorrige Buche steht Spalier, während wir dem Pfad sanft abwärts in den Wald folgen. Dort queren wir den meist unsichtbaren Bach und treffen nach kurzer Pfadpassage auf einen querenden Forstweg. Dem vertrauen wir uns nach rechts an und schwelgen nun im herrlich ruhigen Waldwandern auf bequemem Weg.

Farnwedel wiegen sich im Wind, hohe Fichten mischen sich unter die Laubbäume, und an heißen Tagen duftet die Luft würzig nach Harz. Während wir uns noch der Waldträumerei hingeben, hält das Traumschleifchen schon

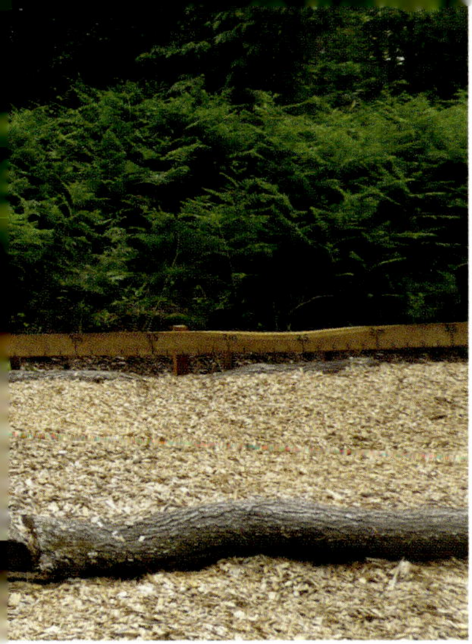

die nächste Herausforderung für uns bereit.

Bei **Kilometer 2.8** lädt die Tierweitsprunggrube zum sportlichen Wettkampf mit den Waldbewohnern. Wie weit schaffen wir es? Hase und Maus lassen wir hinter uns, doch wer kann sich mit Wildschwein, Eichhörnchen, Fuchs oder gar Reh und Hirsch messen?

Egal, wie weit wir kommen, die Macher des Weges wollen uns für den sportlichen Wettkampf belohnen, und so gibt es an einer Station neben dem Rastplatz die Möglichkeit, eine Urkunde auszufüllen und mitzunehmen. Eine klasse Idee, die viele junge Wanderer anspornt!

Beschwingt folgen wir weiter dem Forstweg und genießen den lichten Hochwald und die rauschenden Wipfel. Kaum haben wir **Kilometer 3** passiert, senkt sich der Weg gemächlich ab. Schließlich erreichen wir eine Kreuzung und einen Wegweiser. Hier biegen wir rechts ab.

Zuvor widmen wir uns aber ausführlich den Geräten des Waldspielplatzes (6). Für musikalische Talente steht ein großes Xylofon bereit, während die Sportlichen unter uns beim Balancieren auf dem Holzstamm oder der Seilbrücke das Gleichgewicht schulen können. Natürlich steht auch hier ein Rastplatz zur Pause bereit.

Der Waldweg führt uns anschließend sanft zum Bach, wo am Waldrand ein weiterer Doppel-Rastplatz auf uns wartet. Ein Holzsteg führt uns über das leise plätschernde Nass und hinaus in die offene Weite der Talwiesen. Als ein Weg nach **3.4 km** rechts abbiegt, folgen wir ihm und sind begeistert von den herrlichen Wildwiesen, die nun das Wegumfeld prägen.

Im Bogen führt uns das Traumschleifchen zurück in die bewirtschafteten Wiesen und Felder, und kurz nach **Kilometer 4** treffen wir auf einen Asphaltweg. Auf diesem wandern wir bis zu einer Kreuzung, an der wir rechts abbiegen und zum nahen Bach laufen. Kaum haben wir den erneut gequert, dürfen wir dem Asphalt den Rücken kehren und links pfadig in ein Wäldchen eintauchen.

Schummriges Grün umgibt uns, und mitten in diesem Urwaldidyll erwartet uns die urige kleine Melk-Hütte zur Waldpause. Wir folgen dem Pfad weiter, passieren das links unterhalb gelegene Wasserhäuschen und verlassen das Wäldchen an einer Wegkreuzung. Nun biegen wir links auf einen befestigten Weg ab, der durch den Talgrund verläuft.

Anfangs laufen wir mitten durch Wiesen, dann erreichen wir den Wald, der uns zunächst nur rechts begleitet. Links erstreckt sich auf der anderen Bachseite ein weitläufiges Wildgehege und mit etwas Glück erspähen wir die Geweihträger.

Nach **4.8 km** ist es dann so weit: Wir haben den großen Wasserspielplatz (7) erreicht. Auch hier kommt wirklich jeder auf seine Kosten: Ein Kneippbecken direkt am Bachlauf, Pumpbrunnen und ein ausgeklügeltes Wasserspiel laden zur Aktivität ein. Wer sich ausruhen möchte, kann das wahlweise in der Sonne oder am überdachten Rastplatz tun.

Schließlich reißen wir uns los und folgen dem Traumschleifchen in den Wald. Dort passieren wir die **Kilometertafel 5** und treffen wenige Schritte danach wieder am Tripelpunkt (2) der Runde ein. Nun kennen wir den Weg bereits: Wir wenden uns nach links, passieren den Sportplatz und nähern uns dann mit einem Rechtsschwenk dem Ortsrand an.

Über die Wiese gelangen wir wieder zur Zufahrt, und nach **5.2 km** wieder an den Parkplatz in Gonzerath (1), wo diese überaus attraktive und abwechslungsreiche Spazierwanderung zu Ende geht.

FAZIT

Der Butzel-Kewes-Weg ist gut zu begehen, verlangt aber aufgrund der zahlreichen Naturwegpassagen bei Nässe gutes Schuhwerk. Am schönsten erlebt man ihn im Uhrzeigersinn.

Schlüsselstellen:
Nur der kurze Anstieg zum Schackberg verlangt ein Mindestmaß an Kondition.

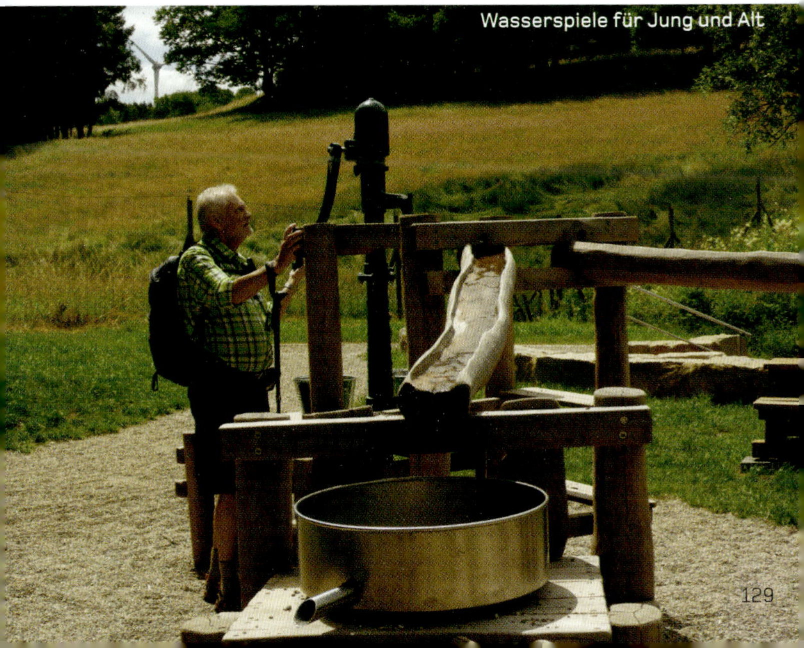
Wasserspiele für Jung und Alt

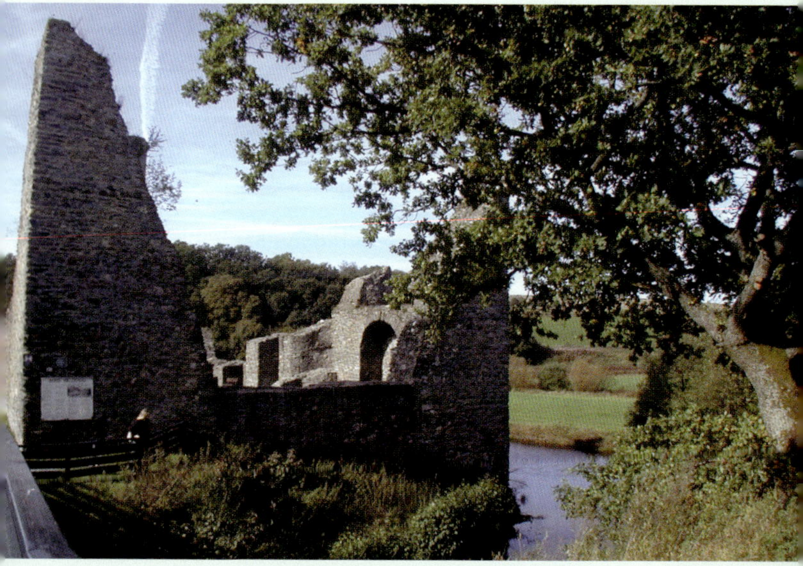

Eine Wasserburg mitten im Hunsrück

Die im frühen 14. Jhd. von Balduin von Luxemburg in Auftrag gegebene Burg wurde als Bollwerk gegen die Sponheimer errichtet. Sie war die einzige Wasserburg im Hunsrück, der schützende Wassergraben wurde mit dem Wasser der Kleinen Dhron gespeist. Der Bergfried war ursprünglich nur von der Nordmauer aus 12 m Höhe zugänglich. Erst Mitte des 19. Jhd. entstand der ebenerdige Zugang in den Turm. Obwohl die Burg entgegen ursprünglicher Planungen nie von einer Stadt umgeben wurde, erhielt sie 1322 Stadtrechte. Wie die meisten Burgen im heutigen Rheinland-Pfalz überstand auch die Burg Baldenau die Wirren des 30-jährigen Krieges schwer beschädigt. Zwischen 1649 und 1654 wurde die Anlage renoviert. Doch 1689 zerstörten die Franzosen die Burg. Seit 1982 erfolgt die Sicherung und Restaurierung der Burgruine. Die Ruine ist jederzeit frei zugänglich. Die Zufahrt ist ab Hundheim ausgeschildert. Infos: Tourist-Information Morbach ✆ 06533/71117, @ www.morbach.de

Tourist-Information Morbach, Bahnhofstr. 19, 54497 Morbach, 06533/71117, www.morbach.de

Café Schmidt, Hauptstr. 28, 54497 Morbach-Gonzerath, 06533/3982, Di. ab 13.00 Uhr Ruhetag

Gasthaus Zur Post, Hauptstr. 32, 54497 Morbach-Gonzerath, 06533/5355, www.zur-post-morbach.de, Mi. Ruhetag

- Hotel Hochwald Café, Unterer Markt 2-4, 54497 Morbach-Gonzerath, 06533/9553552, www.hochwald-cafe.de

Wohnmobilstellplatz Thalfang, Park Thalfang, 54424 Thalfang, 06504/2313

- Campingplatz Massingsmühle, 54424 Thalfang/Etgert, Öffnungszeiten: 01.05. – 30. 09., 06504/305

Eine Anfahrt mit dem öffentlichen Nahverkehr ist nicht praktikabel. www.vrt-info.de

Mietwagen Keller, 06533/4494

- Taxi Reitz, 06533/9578888
- Mietwagen Marx, 06533/3711

Hunde können den Weg ohne Probleme absolvieren, sollten aber an der Leine geführt werden, um Weidevieh und Wild nicht aufzuscheuchen. Bei der Bachquerung nach dem Waldspielplatz gibt es Zugang zu offenem Wasser.

Premium-Wanderwege in der Nähe:

- Traumschleife LandZeitTour, Hinzerath, Länge: **8.3 km**

Notizen

Register

I

J

K

L

M

N

Register

Autoren

Ulrike Poller studierte in ihrer Heimatstadt Würzburg Mineralogie und promovierte in der Schweiz über das Silvretta Massiv. 1995 kam sie als Wissenschaftlerin ans Max-Planck-Institut für Chemie in Mainz, wo sie zusammen mit Wolfgang Todt Altersbestimmungen durchführte.

Wolfgang Todt, aufgewachsen in Heidelberg, studierte Physik und Geologie. Von 1980 bis 2005 leitete er am Max-Planck-Institut für Chemie in Mainz die Arbeitsgruppe für Geochronologie.

Wolfgang Todt und Ulrike Poller sind verheiratet und haben 2005 ihre Agentur „Schöneres Wandern" gegründet, die sich bemüht, die Qualität von Wanderwegen zu verbessern. Beide sind Mitglied im Deutschen Wanderinstitut. Infos unter: **www.schoeneres-wandern.de**

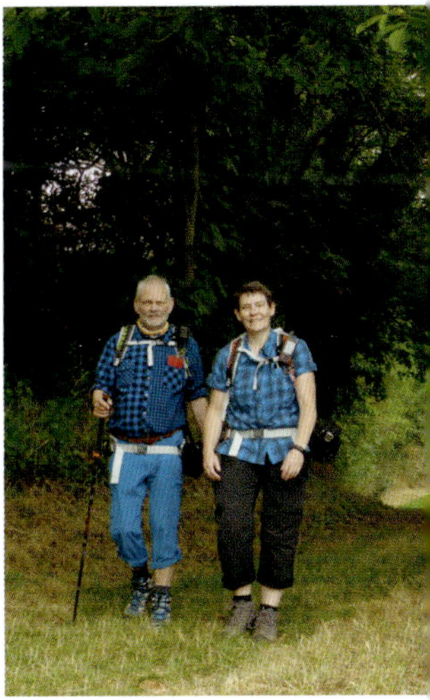

GPS: So funktioniert's

EINFACH HIMMLISCH GEFÜHRT

Besitzer von GPS-Navigationsgeräten (Outdoor-Geräte oder Smartphones) kommen nie vom Weg ab und wissen immer, wo sie gerade sind: In allen Rad- und Wanderführern des ideemedia-Verlags finden Sie die Rad-, Wander- und Erlebnisrouten für Outdoor-Navigationsgeräte. Die Touren liegen im weit verbreiteten *gpx-Format vor.

Mit dem kostenlosen Programm BaseCamp von Garmin ist es möglich, die Tracks anzusehen, zu bearbeiten und direkt auf Garmin-Geräte zu laden. Dieses Programm kann auch ohne die zusätzlich zu kaufende Karte eingesetzt werden, bietet dann aber nur eine globale Karte ohne Details. BaseCamp läuft zudem auch auf Apple Computern. Alle anderen Hersteller von Outdoor-GPS-Geräten bieten ebenfalls kostenlose Programme an. Allerdings müssen Sie meistens auch eine digitale Karte erwerben, um den Track am PC und auf Outdoor-Geräten auf der Karte zu sehen. Für PC-Nutzer ist zudem die Software MagicMaps Tour Explorer empfehlenswert. In OpenStreetMaps oder Google Maps können die Daten mit Hilfe eines GPX Viewer angezeigt werden. Diese Kartenansicht können Sie für unterwegs zum persönlichen Gebrauch ausdrucken.

DIREKT ZUM PREMIUM-TRACK: SO FUNKTIONIERT ES

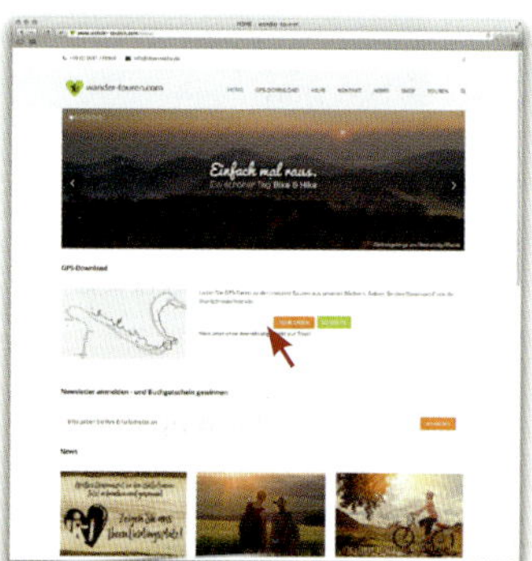

wander-touren.com

Zum Download der Routen benötigen Sie entsprechende Tour-Codes. Diese finden Sie neben der Karte, unter der Schwierigkeitsangabe.Auf der Internetseite **www.wander-touren.com** geben Sie den Code ein. Eine gesonderte Anmeldung ist nicht erforderlich. Sie bestätigen mit der Downloadanfrage, dass Sie im Besitz des entsprechenden Buches (Print oder elektronisch) sind. Wenn Sie per Mail über Updates zu den Touren informiert werden möchten, melden Sie sich bitte unter **www.wander-touren.com** zum Newsletter an.

Sollte der eingesetzte Internet-Browser aus Sicherheitsgründen den Datendownload blockieren, lassen sich die Sicherheitseinstellungen vorübergehend verringern. Alternativ klicken Sie mit der rechten Maustauste auf den Button „Tour laden“ bzw. „Datei downloaden“ und öffnen ein neues Fenster (neuer Tab) zum Download.

▶ GPX-DATEN AUF OUTDOOR-NAVIS LADEN

Als Buchbesitzer können Sie die Daten als Datei im weit verbreiteten *gpx-Format als Einzeltour laden und danach auf Ihrem PC ablegen. In einzelnen Fällen können die Daten hinter den Codes auch gebündelt als *.zip-Datei verpackt vorliegen, die Sie vor der weiteren Verwendung entpacken müssen.

Als Nächstes müssen Sie die herunter gelandene Tour auf Ihr Navigationsgerät übertragen. Für die meisten GPS-Outdoor-Geräte ziehen Sie einfach den Track von Ihrem Desktop, nach Verbinden des GPS-Geräts mit dem Computer, in das GPS-Verzeichnis Ihres Outdoor-Geräts, das Sie als Laufwerk auf dem Desktop sehen. Sollte Ihr GPS-Gerät ein besonderes Format verlangen, können Sie den Track mit der Software RouteConverter in fast jedes Format konvertieren. RouteConverter ist ein kostenloses GPS-Werkzeug, um Routen, Tracks und Wegpunkte anzuzeigen, zu bearbeiten und zu konvertieren. Es läuft sowohl auf PC als auch auf Apple Computern. Zur Übertragung der Tour-Daten können Sie auch die Ihrem Kartenprogramm oder Navigationsgerät beigelegte Software nutzen. Bei Problemen mit der Übertragung der Daten auf Ihr Navigationssystem wenden Sie sich bitte an den Hersteller.

ALLGEMEINE HINWEISE

Alle Daten wurden auf Fehlerfreiheit geprüft und werden bei Änderungen der Wegführung nach Verfügbarkeit aktualisiert. ideemedia übernimmt keine Haftung für mögliche Abweichungen, Vollständigkeit, Verfügbarkeit und Einsatz auf allen Navigations-Modellen. Sollte ein Gerät das Laden von *.gpx-Daten nicht ermöglichen, so wenden Sie sich in diesem Fall bitte an den Hersteller. Die Nutzung der Tour-Downloads ist nur Buchbesitzern zur privaten Verwendung gestattet, eine Weitergabe an Dritte sowie das Vervielfältigen auf Datenträgern jeder Art ist untersagt. Kommerzielle Nutzung ist nur nach schriftlicher Vereinbarung mit ideemedia gestattet. Idee, Konzeption und Daten sind urheberrechtlich geschützt.

Die Daten enthalten einen Sicherheitscode und werden bis zu 36 Monate nach Ausgabetermin des Buches zur Verfügung gestellt.. Eine Vervielfältigung zur Verteilung oder Verlinkung ist strikt untersagt und kann bei Missbrauch zu Schadenersatzforderungen führen.

PREMIUM-GPS: WAS IST DAS?

Im Gegensatz zu vielen anderen Anbietern im Print- und Online-Bereich greifen wir nicht auf die Standard-Daten von kostenlosen Internetportalen, privaten oder öffentlichen Anbietern zurück, sondern ermitteln die Daten vor Ort und aktualisieren diese im Regelfall, wenn uns gravierende Änderungen bekannt werden. Die Arbeit ist aufwendig und kostenintensiv – und daher bitten wir um Verständnis, dass wir diese aufbereiteten Daten in vollem Umfang nur unseren Kunden zur Verfügung stellen.

GPS-DATEN VERARBEITEN: NICHT OHNE ÜBUNG

Trotz enormer Fortschritte in der Gerätebedienung ist es für Laien nicht völlig unkompliziert, die Daten richtig nutzen zu können. Da es sich bei den *.gpx-Daten um ein kostenfreies Zusatzangebot zu unseren Printprodukten handelt, können wir keine Unterstützung für GPS-Geräte, GPS-Software oder Kartengrundlagen leisten. Bitte wenden Sie sich dazu an Ihren Hersteller oder Lieferanten und arbeiten Sie sich gründlich in die Möglichkeiten der GPS-Nutzung ein. Verlassen Sie sich auch bei Ihren Touren nicht ausschließlich auf Ihr GPS-Gerät, Empfangsprobleme, Batterie- oder Softwareprobleme sind nicht unbekannt. Zudem könnten Sie ihr Gerät unterwegs verlieren. Wir empfehlen deshalb aus Erfahrung die zusätzliche Mitnahme von Buch und Karten.

GPS FÜR SMARTPHONES

*.gpx-Daten auf ein Smartphone zu laden funktioniert mit mehreren Apps sowohl für iPhones als auch für Android-Geräte. Unser Tipp: Testen Sie verschiedene Apps und prüfen Sie, mit welcher Software Ihr Gerät fehlerfrei arbeitet. Probleme kann es geben, wenn unterwegs Daten geladen werden müssen. Von Netzproblemen abgesehen, kann das zu hohen Kosten führen.

Eine ausführliche Erklärung zur Verwendung von unseren *.gpx-Daten auf einem Smartphone finden Sie unter: **www.wander-touren.com**. In der folgenden Kurzanleitung wird der Download und die Verabeitung unserer *.gpx-Daten auf einem iPhone 13 (IOS 16.3.1) unter der Verwendung der kostenlosen App „Komoot“ dargestellt. Andere Geräte, Betriebssysteme oder Apps können davon abweichen, das Prinzip bleibt dabei jedoch ähnlich.

Tourcode auf „www.wander-touren.com“ eingeben und den *.gpx-Track downloaden **(Schritte 1-4)**. (Der Code befindet sich auf der Startseite des jeweiligen Kapitels unter der Angabe zur Schwierigkeit.)

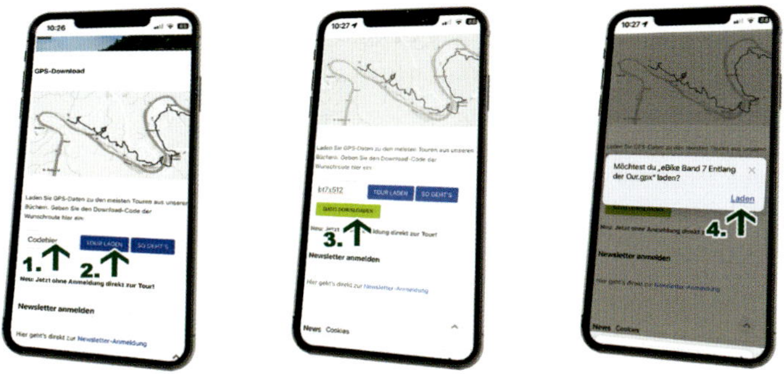

Die Datei befindet sich in der Regel im Downloadordner. Durch Tippen auf den Pfeil in der Browser Leiste, dort hin navigieren **(Schritt 5-6)**. Alternativ über das lokale Datenverwaltungssystem (bei IPhones die Apple eigenen App Dateien) die Downloads öffnen und die Datei suchen.

Anschließend durch langes Drücken auf das Icon/ die Datei, das Menü öffnen und die Option „Teilen“ auswählen **(Schritt 7-8)**. Neben den Möglichkeiten „via Mail“ oder „Nachricht“ findet man weiter rechts (über die Symbole wischen) auf dem Gerät installierte Apps die zum Öffnen kompatibel sind. Durch Tippen auf das Symbol öffnet sich die App und beginnt mit dem Import des Tracks **(Schritt 9)**.

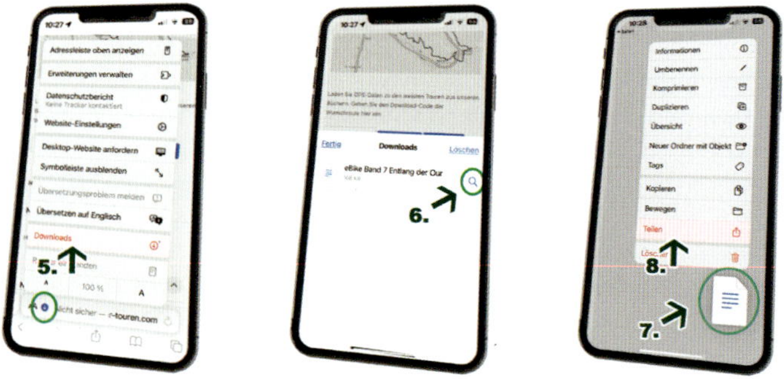

Da unsere Daten viele zusätzliche Punkte und Abstecher haben, muss die korrekte Darstellung ausgewählt werden **(Schritt 10)**. „Komoot" gibt anschließend die Option, den Track an bekannte Wege anzupassen. Da unsere Daten vom Autor erfasst und laufend aktualisiert werden, empfehlen wir den Originalverlauf beizubehalten **(Schritt 11)**. Die Route kann nun als zukünftige Tour gespeichert und anschließend auf der Karte angezeigt werden.

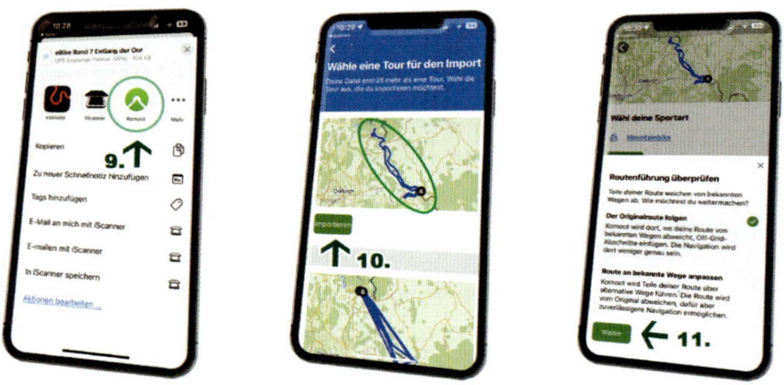

Prüfen Sie vor Antritt der Tour, ob die Daten korrekt angezeigt werden und Sie die Routenführung starten können. Vergleichen sie die Darstellung zur Sicherheit mit der Karte im Buch, um Fehler beim Verarbeiten oder in der App auszuschließen.

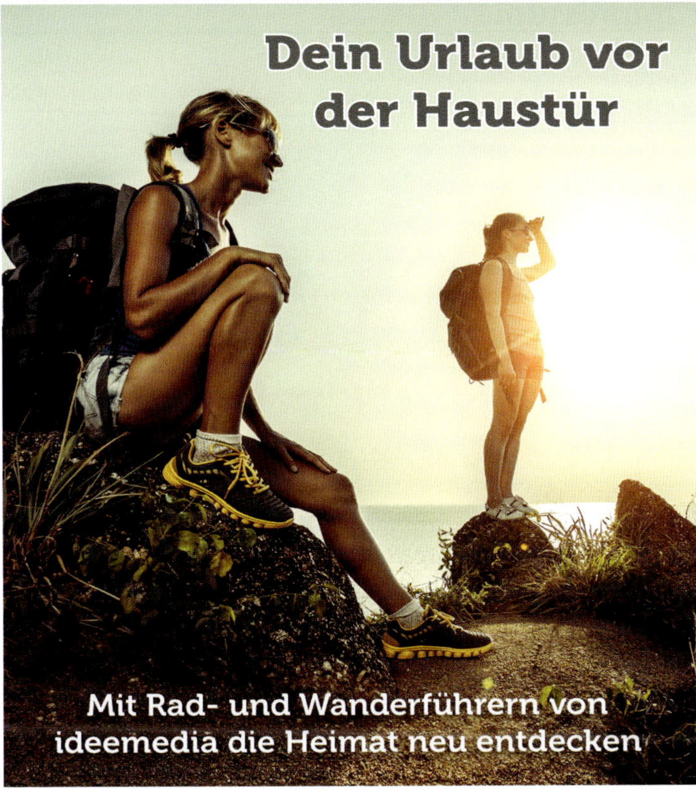

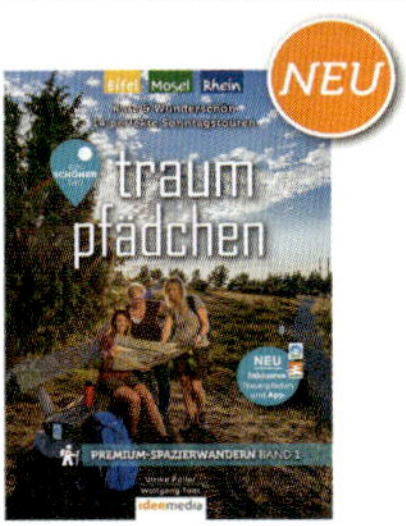

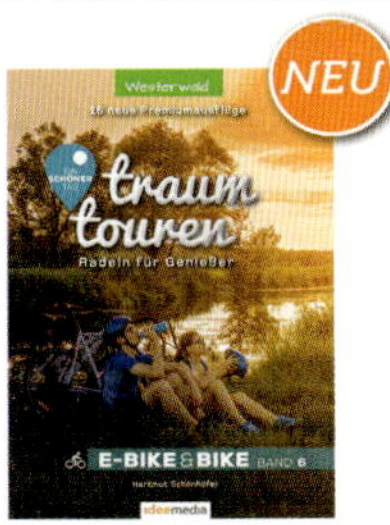

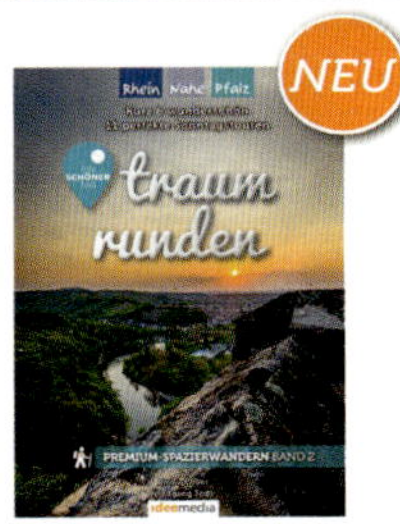

Überall im Buchhandel und online

ideemedia*shop*.de

Impressum

Herausgeber: Uwe Schöllkopf (ideemedia GmbH)
Autoren: Ulrike Poller & Wolfgang Todt
Konzept & Redaktion: Uwe Schöllkopf
Redaktionelle Mitarbeit: Anna Ley,
Grafik/DTP/Produktion: Dominik Lamberti
Karten & Höhenprofile: Dominik Lamberti | ideemedia GmbH

Verlag: ideemedia GmbH, Im Aubisch 1b, D-56567 Neuwied
Telefon: 02631/9996-0 • Telefax: 02631/9996-55 • E-Mail: office@idee-media.de

Internet: www.ideemediashop.de • www.wander-touren.com

Alle Angaben wurden nach bestem Wissen recherchiert und sorgfältig überprüft. Sollten sich dennoch Fehler eingeschlichen haben, bitten wir um Entschuldigung und Benachrichtigung. Für Fehler übernimmt der Verlag keine Haftung. Aktuelle Änderungen, Downloads und Updates zum Buch finden Sie unter www.wander-touren.com
Mit den QR-Codes aus dem Buch lässt sich über die Kamerafunktion vieler Smartphones der Ausgangspunkt direkt auf GoogleMaps anzeigen.

Die Deutsche Bibliothek – CIP – Einheitsaufnahme: ISBN 978-3-942779-63-0

Fotos: Ulrike Poller, Wolfgang Todt, Christian Engel

Wir danken allen beteiligten Tourist-Informationen für die Unterstützung und Zusammenarbeit.